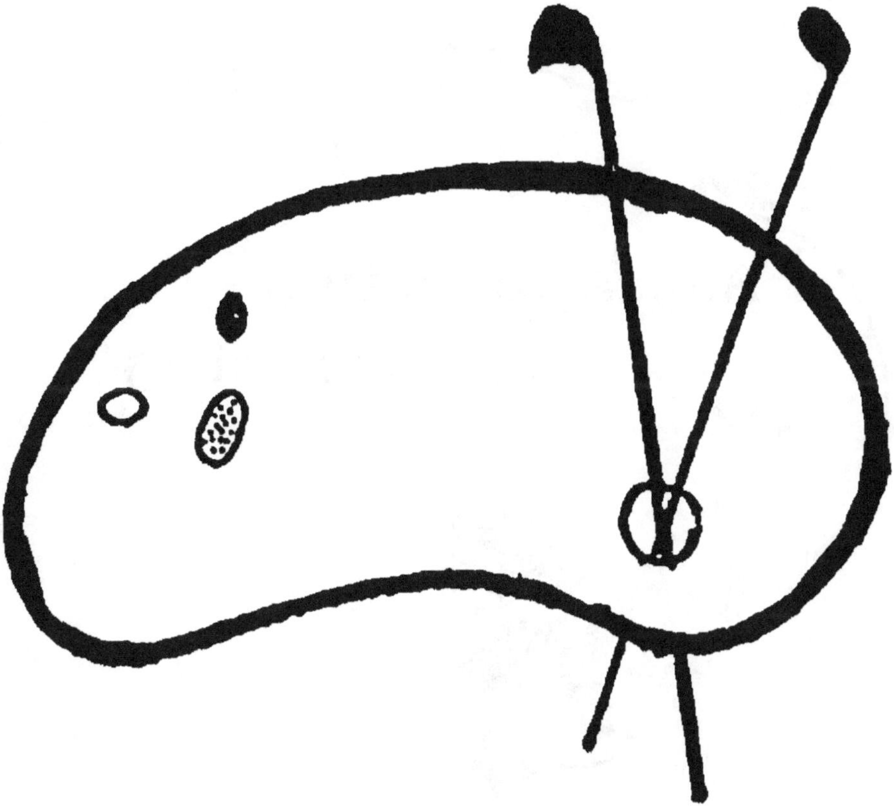

DEBUT D'UNE SERIE DE DOCUMENTS
EN COULEUR

De l'Indigénat

Son Application aux Mozabites

PHILIPPEVILLE

IMPRIMERIE ADMINISTRATIVE ET COMMERCIALE MODERNE

18, Rue Théophile Réguis, 18

—

1903

Couverture inférieure manquante

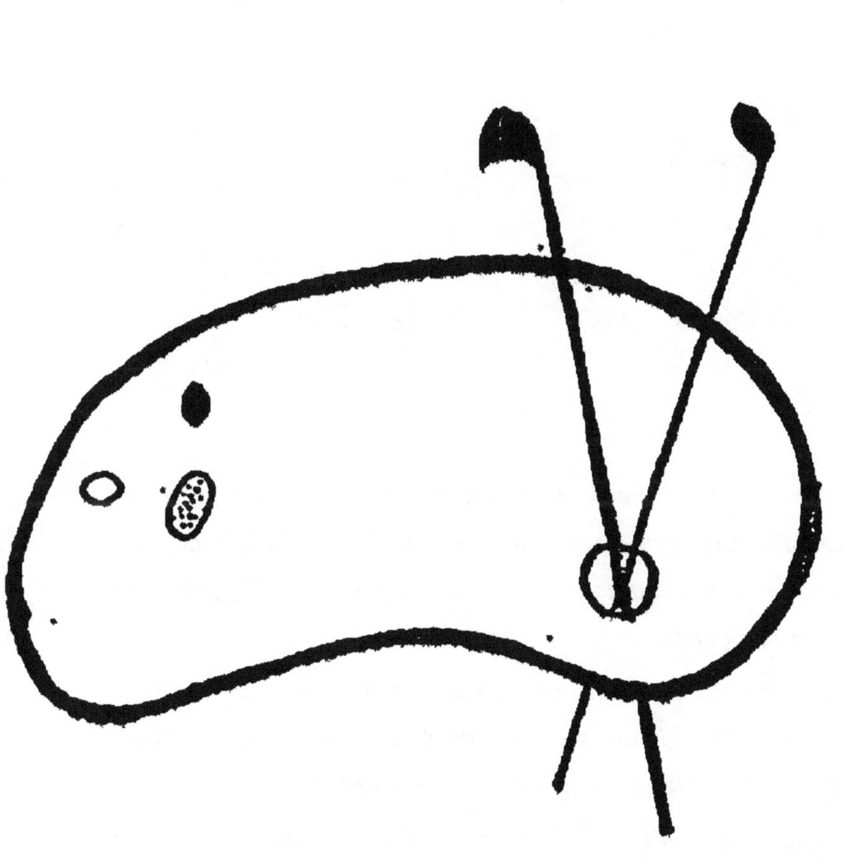

FIN D'UNE SERIE DE DOCUMENTS
EN COULLUR

J'ai l'honneur de vous remettre ci-joint copie de la lettre et de la brochure que j'adresse à **M. Albin ROZET**, député, relativement à la situation qui nous est faite par l'application de la loi d'Indigénat.

J'ose espérer, Monsieur, que vous voudrez bien prêter votre attention à notre juste revendication et que votre puissant concours nous sera acquis en cette circonstance.

En vous remerciant infiniment d'avance, veuillez agréer Monsieur le _____________, mes bien respectueuses salutations.

PP⁰ de plusieurs Mozabites dont la liste serait longue à énumérer

Brahim ben Eyoub,

MOZABITE NÉGOCIANT

Rue Combes, 51, Constantine

Constantine, le 23 Novembre 1902.

A Monsieur Albin Rozet

Député

41, RUE CAMBON

PARIS

Monsieur le Député,

Ayant appris votre bonne intervention en faveur des opprimés, je viens avoir recours à votre humanité pour vous exposer la situation qui nous est faite.

Bien avant l'arrivée des Français en Algérie, la population Indigène de ce pays se composait d'Indigènes appartenant à trois rites différents les uns des autres. Ce sont :

1° Le Rite Ibadite qui est observé uniquement par les Mozabites dans ce pays;

2° Le Rite Hanéfite
3° Le Rite Malékite } ces deux rites observés par tous les Arabes d'Algérie, de la ville et des campagnes.

Je dois vous dire qu'en ce qui concerne les Arabes suivant les rites Hanéfite et Malékite, je ne puis personnellement vous exposer leurs agissements et leur conduite vis-à-vis des autorités françaises ou de la population française de ce pays.

Mais, au contraire, concernant le rite Ibadite, dont j'ai l'honneur de faire partie je peux vous en parler en parfaite connaissance de cause.

Egalement, je dois vous dire que, quand intervient un décret concernant les Indigènes de ce pays, il est appliqué aux fidèles des trois rites dénommés ci-haut, sans aucune distinction, comme par exemple le décret relatif à l'Indigénat.

Je dois vous dire aussi que, nous fidèles du rite Ibadite, n'avons jamais eu à notre actif aucun ennui, ni aucun démêlé, ni crime sur Européens, ni aucune difficulté avec les autorités françaises de ce pays ni de la Metropole : depuis 1830, époque de la domination française dans ce pays nous avons toujours été dévoués et fidèles serviteurs de notre nouvelle Mère Patrie « La France ».

Mon but, Monsieur le Député, est que, ayant appris votre bon cœur et votre amour de la défense des opprimés, et viens solliciter vos sentiments d'humanité pour nous accorder votre haut appui à nous fidèles de rite Ibadite qui avons toujours été fidèles serviteurs de notre nouvelle Mère Patrie « La France » ; à ce que, par votre haute intervention, l'on nous mette hors de décret d'Indigénat qui est applicable à tous les Indigènes musulmans habitant l'Algérie.

Il est absolument inutile, Monsieur le Député, de m'étendre longuement relativement au décret d'Indigénat qui, je pense, doit être en votre possession.

Nous vous prions d'intervenir pour nous faire mettre hors du décret d'Indigénat, nous fidèles du rite Ibadite qui sommes les Mozabites, pour la raison que nous avons été toujours, depuis la domination française, fidèles serviteurs de la France et que, ainsi que vous pouvez en avoir la preuve par toutes les autorités Algériennes, nous n'avons jamais eu aucun fidèle du rite Ibadite poursuivi devant les Tribunaux Algériens, soit en Correctionnelle, en Cour d'Assises, en Conseil de Guerre, soit pour vol ou assassinat à l'encontre de Colons ou de n'importe quelle personne Européenne habitant les villes ou les campagnes algériennes.

Désireux de poursuivre ce but dans l'intérêt de la masse de mes coréligionnaires et comptant sur votre haut appui pour cela, je vous serais bien reconnaissant, Monsieur le Député, de vouloir bien me conseiller sur la marche à suivre pour arriver à mon but et je compte, en cette circonstance, sur votre haut appui quoique n'ayant pas l'honneur d'être connu de vous.

Je pense finir d'ici quinze jours ou un mois un dossier que je suis en train d'établir et qui vous démontrera la véracité de mes dires concernant notre dévouement à la cause française et notre précieux concours mis à la disposition de la France en différentes circonstances, concours qui a été très précieux.

Ce dossier, une fois préparé, vous sera adressé. Je vous serais bien obligé de vouloir bien m'honorer d'une réponse relativement à la marche à suivre pour arriver au but que je poursuis et attends vos indications afin de vous compléter mon dossier d'une façon générale et j'espère que par ce dossier vous serez édifié, Monsieur le Député sur le rôle joué par les Mozabites qui sont dans ce pays, les seuls fidèles du rite Ibadite.

Dans l'espoir d'être favorisé d'une réponse et en attendant l'honneur de vous lire,

Veuillez agréer, Monsieur le Député, l'assurance des salutations empressées et bien sincères des fidèles serviteurs de la domination française en Algérie et qui comptent sur votre haut appui.

Signé : PP^{on} des Mozabites du rite Ivadite (suivent les noms dont la liste serait longue à énumérer),

Brahim ben Eyoub

MOZABITE NÉGOCIANT

Rue Combes, 51, Constantine

De l'Indigénat

Son Application

aux Mozabites

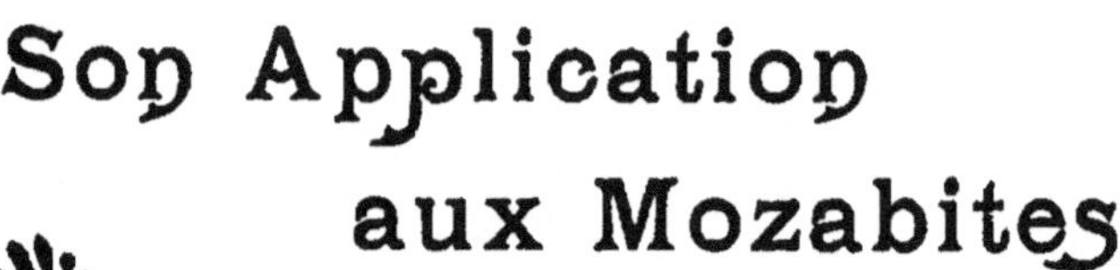

PHILIPPEVILLE

IMPRIMERIE ADMINISTRATIVE ET COMMERCIALE MODERNE

18, Rue Théophile Réguis, 18

1903

De l'Indigénat

Son Application
aux Mozabites

Gloire à Dieu, maître de l'univers, qui en créant l'homme et en le douant du don de la parole, lui a accordé ainsi une supériorité sur l'animal.

Avant d'aborder le sujet que je vais avoir à traiter, je commence par adresser mes hommages et mes respectueuses salutations aux Membres du Gouvernement Français, à ses honorables Représentants, et enfin à tous les Agents des autorités constituées de cette noble Nation.

En rédigeant cette modeste brochure, que je signe en ma qualité de représentant d'un groupe de mes coreligionnaires mozabites, je ne vise qu'un but et n'aspire qu'à une seule ambition : « être utile à mes compatriotes ». L'exposé qui va suivre le démontrera.

Tout le monde sait que la religion sacrée de l'Islam comprend plusieurs rites qui sont : le rite Malékite, le rite Hanafite, le rite Abadite, le rite Chaféite et le rite Hambalite.

La plupart des indigènes arabes des trois départements algériens appartiennent aux deux premiers rites : Malékite et Hanafite.

Le rite Abadite (auquel nous appartenons) est renommé au M'zab, et dans les sept Ksours de cette confédération, au Djebel Nefoussa, au Zanzibar, et dans d'autres contrées. Il s'en suit de là, que tous les habitants du M'zab sont des adeptes du rite Abadite.

Je ne me donne pas la peine d'indiquer ici, la différence qui existe entre ces rites, car ce n'est point là que tend mon but, je dirai simplement ceci :

Personne n'ignore que lors de la conquête de l'Algérie, le Gouvernement Glorieux de la France avait donné l'assurance aux indigènes musulmans résidant dans cette colonie, que leurs croyances, leur religion et leurs usages seraient respectés tant qu'ils resteraient soumis à la France.

Ces promesses, nous l'avons vu par la suite, ont été tenues dans leur intégralité ; c'est un fait probant, qui n'est dénié par personne.

Plus tard, le Gouvernement a fait voter et promulguer dans la Colonie Algérienne plusieurs lois et décrets d'ordre administratif et judiciaire, ayant trait, les uns, à la constitution de la propriété foncière, les autres à la réorganisation de la Justice musulmane, etc., etc. Pour s'en rendre compte, on n'aura qu'à consulter le Bulletin des lois et décrets promulgués en Algérie, depuis la conquête jusqu'à ce jour.

Au nombre des lois que le Gouvernement Français a fait voter et promulguer, il s'en trouve une qui va faire l'objet de notre présente discussion, c'est la loi sur « l'Indigénat ».

Le Gouvernement, en faisant voter cette loi l'a fait dans un but de sécurité ; pour mettre fin aux désordres et aux conflits, qui surgissaient continuellement dans les tribus arabes et même dans les villes.

En effet, certaines personnes sans aveu, et n'exerçant aucune profession ne cherchent qu'à faire du tort à autrui et à s'emparer du bien de leur prochain.

La loi sur l'Indigénat votée le 11 septembre 1874, réprime les infractions suivantes :

Retard prolongé et non justifié pour le paiement des impôts ;

Refus ou inexécution du service de garde champêtre ou autres ;

Propos tenus en public contre la France et son gouvernement ;

Inobservations des décisions administratives portant attribution de terres collectives de culture ;

Asile donné à des vagabonds ou étrangers à la commune, sans en aviser immédiatement le chef du douar ;

Défaut d'immatriculation des armes dans les délais prescrits par la loi ;

Changement de domicile ou départ en voyage sans autorisation de l'administrateur, et sans avoir acquitté les impôts ;

Tapage, scandale, dispute, et autres actes de désordre notamment sur les marchés ;

Réunion sans autorisation ;

Ouverture d'établissements religieux sans autorisation ;

Refus de comparaître devant les autorités constituées, etc., etc.

A la date du 28 juin 1881, le Gouvernement a conféré aux administrateurs des communes mixtes, le droit de répression aux infractions spéciales à l'Indigénat.

Plusieurs circulaires relatives à l'exécution de la loi du 28 juin 1881, ont été adressées par M. le Gouverneur Général de l'Algérie, aux Préfets des trois départements algériens. Ces circulaires sont datées du 8 février 1882, 13 septembre 1882, 8 mars 1883, 30 septembre 1883.

Cette loi a été prorogée le 25 juin 1890 et le 14 juin 1897.

Après avoir bien approfondi la question de la loi sur l'Indigénat, il m'a semblé que cette loi ne s'appliquait qu'aux Arabes seulement.

En effet, il est de notoriété publique que certains arabes, réputés pour être des fauteurs de désordres, se jettent sans rime ni raison, sur leurs coreligionnaires et même sur les colons Français, les volent, les pillent et se livrent à des attentats sur leurs personnes.

Cela s'est vu dans de maintes circonstances.

Des gens paisibles, qui ne cherchent que le maintien de la paix et de la tranquillité réprouvent comme nous, ces mœurs barbares, condamnées et punies du reste, avec la plus grande sévérité, par le code et la religion Islamique.

D'autres individus refusent systématiquement d'acquitter leurs impôts, d'autres ouvrent des établissements sans autorisation, d'où part souvent le signal de l'émeute, d'autres enfin achètent et portent ostensiblement des armes à feu sans autorisation, etc., etc.

Il ne se passe pas de jour où nous n'assistons à des faits de cette nature, émanant comme nous l'avons dit, de gens sans aveu.

En se livrant à leurs méfaits, ces individus là ne craignent pas le châtiment de Dieu et se soucient peu des paroles du Prophète Mohamet qui a dit : *Et ceux qui commettent l'iniquité savent de quelle manière ils seront bouleversés.* (Coran).

A mon avis, la loi sur l'Indigénat n'est applicable qu'aux Arabes et non aux Mozabites.

Depuis quelques années seulement, nous voyons certains fonctionnaires de l'ordre administratif appliquer la loi de l'Indigénat aux Mozabites qui viennent se livrer au commerce sur le territoire algérien, et cela est tout à fait contraire à l'esprit même de la loi.

En effet, si cette loi était réellement applicable aux Beni M'zab le législateur l'aurait prévu et l'aurait clairement spécifié dans les articles de cette loi.

Les Mozabites qui font l'objet de ma présente brochure exercent pour la plupart, des professions dans toutes les branches commerciales et industrielles.

Ils habitent les 7 villes (Ksours) de la confédération du M'zab.

Ces Ksours sont : Beni Isguen, Gardaïa, Guerara, Barrian, Melika, Banoura et El Attef.

Les Mozabites ne quittent leurs pays d'origine que pour se rendre dans le Tell, et se livrer au commerce et à l'industrie, dont ils ont des connaissances inconstestables.

Ils jouissent de la considération des agents du Gouvernement Français pour lesquels ils ont, du reste, le plus grand respect.

Les Beni M'Zab ont toujours servi fidèlement la France, ils ne lui ont jamais marchandé ni leurs temps, ni leurs concours, cela s'est vu dans plusieurs circonstances. Ils ont à leur actif, plusieurs actions d'éclat, dont on pourra trouver trace dans les archives administratives et militaires des Bureaux arabes **et les annales judiciaires d'Algérie, que l'on peut consulter, n'ont jamais enregistré à leur passif aucune condamnation pour vol et assassinat commis sur des Français, sur des colons.**

Si je me mettais à exposer les nombreuses actions d'éclat de mes coreligionnaires et les innombrables services qu'ils ont rendus au Gouvernement Français, il me faudrait plusieurs ouvrages, mais pour être bref et pour démontrer ce que nous avons fait, je n'en citerais que quelques faits seulement.

Depuis la conquête, les Mozabites ont toujours servi la France avec un dévouement et une fidélité sans bornes.

C'est grâce à l'un des nôtres que la paix et la tranquillité ont été maintenues dans le Sahara. Cet homme, qui répond au nom de « Addaoun ben Ba Saïd » était renommé par sa bravoure, son intelligence et sa compétence dans les affaires de service.

Il était natif des Beni Isguen (M'zab), et avait pour amis plusieurs généraux de l'armée d'Afrique, devenus plus tard maréchaux de France.

Les colonels et les officiers supérieurs des Bureaux arabes sous les ordres desquels il avait servi, le jugeaient à sa juste valeur, et chaque fois qu'ils allaient solliciter son concours dans les questions de service difficiles ou délicates, Addoun ne manquait jamais de leur prodiguer ses conseils, et son concours.

Tous correspondaient avec lui, dans l'intérêt de la France.

Cette correspondance, que nous avons pu conserver jusqu'à ce jour, est encore entre nos mains, dans un volumineux dossier que nous sommes prêt à mettre sous les yeux de quiconque des agents de l'Autorité, manifesterait le désir d'en prendre communication.

Néanmoins, pour plus de clarté, nous donnons ici un aperçu de ces lettres et des témoignages élogieux qu'avait recueillis Addoun ben Ba Saïd.

Nous commençons par insérer le certificat qui lui a été délivré à la date du 1ᵉʳ février 1855, par M. le Général du Barail et qui est conçu en ces termes :

I

Laghouat, le 1ᵉʳ Février 1855.

Je certifie que le sieur Addoun ben Saïd, M'Zabi des Beni Isguen, m'a rendu les meilleurs services pendant tout le temps de mon commandement à Laghouat. Il a été un des principaux agents que j'ai employés pour obtenir la soumission des Beni M'zab et dans cette affaire délicate, il m'a servi avec autant de zèle que de dévouement et de fidélité.

C'est donc avec empressement que je lui donne ce témoignage de ma vive satisfaction, pour la conduite qu'il a toujours tenue dans les nombreuses occasions où il a pu faire preuve de son dévouement à notre cause.

Le Lieutenant-Colonel, Commandant supérieur de Laghouat,
Signé : Du BARAIL.

II

Lettre de M. le Capitaine Durand, Chef du Bureau Arabe
de Laghouat, datée du 1ᵉʳ Janvier 1874, ainsi conçue :

A l'honorable, Addoun ben Ba Saïd.

Salutations !

J'ai reçu de vos nouvelles et vous en remercie.

Je n'ai rien à vous annoncer sur les affaires de l'Ouest, si ce n'est que Mamar ben Ahmed m'a apporté des lettres, m'informant que les Oulad Sidi Cheilah, n'ont pas voulu accepter nos conditions et qu'ils se sont dirigés vers l'Ouest.

III

Lettre de M. le Capitaine Durand, Chef du Bureau Arabe de Laghouat, datée du 18 Février 1874, ainsi conçue :

A l'honorable Addoun ben Ba Saïd.

Salutations !

Je vous informe que M. le Général est arrivé à Laghouat. Je dois l'accompagner avec quelques autres officiers à Ouargla, et s'il plait à Dieu, à notre retour d'Ouargla, nous prendrons la route du M'zab. Je vous en informe pour que vous soyez avisé.

IV

Lettre de M. le Capitaine Durand, Chef du Bureau Arabe de Laghouat, en date du 1er Août 1874, ainsi conçue :

A l'honorable Addoun ben Ba Saïd.

Salutations !

M. le Général commandant la subdivision de Médéa, vous adresse une lettre, je vous la fais parvenir.

V

Lettre de M. le Capitaine Durand, Chef du Bureau Arabe de Laghouat, du 23 avril 1874, ainsi conçue :

A l'honorable Addoun ben Ba Saïd.

Salutations !

Je vous adresse le courrier du Capitaine du Génie, qui est actuellement dans le sud. Dès réception de ma lettre, vous voudrez bien le lui faire parvenir de suite. Comme ce capitaine est au service du Gouvernement je le recommande à votre attention au cas où il aura à se rendre dans l'un des ksours de la confédération du M'zab.

Je lui ai remis une lettre de recommandation pour la Djemaâ de Ghardaïa et une autre pour celle des Beni Isguen. Au cas où il aura besoin de leur concours il les leur remettra.

VI .

Lettre de M. le Capitaine Durand, Chef du Bureau Arabe de Laghouat, en date du 26 février 1874, ainsi conçue :

A Addoun Ben Ba Saïd.

Salutations !

J'ai reçu votre lettre et j'ai compris les nouvelles qu'elle contenait.

Il faut absolument me tenir au courant des nouvelles que vous avez concernant l'Européen et sa suite qui sont allés à Tine Salah.

Mettez-moi également au courant des nouvelles que vous entendrez sur le compte de Moulay-Ali de Metlili, et signalez-moi les agissements de ce dernier.

En outre, je vous fais parvenir une lettre qui vous est adressé par M. le Général, commandant la subdivision de Médéah.

VII

Lettre de M. le Capitaine Durand, Chef du Bureau Arabe de Laghouat, datée du 30 Avril 1871, ainsi conçue :

A l'honorable Addoun Ben Ba Saïd.

Salutations !

J'ai reçu le sabre et le cor du chaouch Bouchoucha. Je les enverrai à M. le Général dès que je le pourrai ; j'ai reçu vos renseignements sur Metlili ; mettez-moi constamment au courant de ce qui se passe à Metlili.

P.-S. — Je vous adresse par ce même courrier deux lettres, envoyez-les à M. Soleillet, l'européen qui est à Metlili.

VIII

Lettre de M. le Capitaine Durand, Chef du Bureau Arabe de Laghouat, datée du 17 Juillet 1871, ainsi conçue :

A Addoun Ben Ba Saïd.

Salutations !

Je vous adresse un journal contenant des nouvelles sur la révolte qui a eu lieu dans l'Est. Lisez-le et comprenez-en le contenu.

Je vous adresse des lettres destinées à Si Zoubeïr Ben Bou-Baker ; faites-les lui parvenir de suite ainsi que des lettres pour les ksours du M'zab, distribuez-les aux intéressés.

IX

Lettre de M. le Capitaine Durand, Chef du Bureau Arabe de Laghouat, datée du 12 Juin 1871, ainsi conçue :

A Addoun ben Ba Saïd.

Salutations !

Voilà 15 jours que je n'ai reçu de vos nouvelles. Et vous n'avez pas l'habitude de me laisser ainsi manquer de nouvelles.

Je sais que vous nous servez réellement avec fidélité, et c'est pour cela que je tiens à ce que vous ne me laissiez pas sans nouvelles.

Mettez-moi donc au courant de ce qui se passe dans votre région, dans notre pays et dans les contrées avoisinantes, ainsi que dans tous les ksours.

Renseignez-moi sur ce que disent les gens en ce moment, en bien ou en mal.

Pour ce qui est de vous, et de votre pays, je vous connais et je sais ce qui se passe chez vous. Je n'ai donc pas à m'en inquiéter.

Mon unique désir est d'être renseigné su. .ut ce qui se passe dans les environs de votre région, car je vous considère comme quelqu'un de nous.

P.-S. — Le Commandant Cros est changé, il est remplacé par le Colonel Philibert qui était autrefois Chef du Cercle de Djelfa. Ce dernier sera demain à Laghouat.

X

Lettre de M. le Capitaine Durand, Chef du Bureau Arabe de Laghouat, datée du 1ᵉʳ Mars 1871, ainsi conçue :

A Addoun ben Ba Saïd.

Salutations !

Je vous informe qu'en ce moment, la tranquillité règne tant à l'Ouest qu'à l'Est.

Les renseignements que vous avez eus sur le mouvement du Marabout qui s'est rendu dans son pays, sont faux. Les désordres qui ont éclaté à Souk-Ahras, sont sur le point de prendre fin. Je vous adresse un journal qui traite de ces affaires pour que vous le lisiez.

En ce qui concerne les nouvelles de France, je vous informe que voilà bientôt un mois que la Guerre a cessé, parce que la Commission désire passer un traité de paix. Hier, j'ai reçu un télégramme m'annonçant que des pourparlers pour la conclusion de la paix sont entamés.

XI

Lettre de M. le Capitaine Durand, Chef du Bureau Arabe de Laghouat, datée du 18 Septembre 1871, ainsi conçue :

A Addoun ben Ba Saïd.

Salutations !

Quand votre lettre m'est parvenue, j'en ai reçu une autre des Chambâs de Metlili, dans laquelle ils me disent qu'ils ne se sont pas révoltés.

Auparavant M. le Commandant ne voulait pas laisser les membres de la Commission des Dix retourner à Metlili.

Mais aujourd'hui que j'ai reçu votre lettre et la leur, il les autorise à retourner à Metlili.

Je leur ai donné une lettre qu'ils vous remettront. Lisez-là pour que vous soyez au courant de ce qu'elle contient. J'ai dit à Mohammed Ben Ferdjallah de vous la confier.

Je vous adresse également une lettre destinée à El Mebarek Ben Abd-Errahman et à ses compagnons. Faites-la leur parvenir de suite.

XII

Lettre de M. le Capitaine Durand, Chef du Bureau Arabe de Laghouat, datée du 29 Juin 1872, ainsi conçue :

A Addoun Ben Ba Saïd.

Salutations !

Je vous adresse une lettre contenant les instructions de M. le Général au sujet des Ouled Sidi Hamza. Cette lettre n'est que traduite seulement.

Prenez garde que les oulad Sidi Hamza ne fassent pas comme a fait l'année dernière Si Eddine Ben Hamza.

Qu'ils ne viennent pas, surtout, sous prétexte de demander à faire des visites, faire autre chose.

M. le Général n'a pas voulu traiter avec eux jusqu'à ce qu'il aura obtenu d'eux un mot sûr.

En ce qui concerne El Khanfoussi, je vous informe que dès que j'ai reçu votre lettre, je l'ai fait mettre en liberté. J'écrirai aux membres de la Commission des Dix pour qu'ils aient à lui rendre ses effets et tout ce qu'il a apporté avec lui pour les besoins de son commerce.

Je leur recommanderai de faire attention à lui et de lui donner son salaire.

Quand il travaillera bien, et quand il vous procurera des renseignements, vous direz au chef du Goum de le laisser en liberté.

Il pourra se rendre au M'zab, et apporter avec lui ce dont il aura besoin pour son commerce.

S'il désire prendre avec lui des effets pour l'usage de sa famille, autorisez-le à le faire, mais ne le laissez pas prendre ce dont les rebelles pourraient avoir besoin.

J'ai reçu une lettre de l'Officier de Ouargla me disant qu'il a reçu les délégués des Makhadmas et qu'il leur a rendu la réponse.

En ce qui concerne les effets des Touaregs destinés à être adressés à M. le Général, je vous informe, que la personne qui viendra vous trouver, avec ces objets, se présentera devant vous comme étant chargée par moi de le faire.

En outre, j'écrirai au Caïd du Makhzen au sujet de la nourriture des sus-nommés dont vous m'avez déjà entretenu.

XIII

Lettre de M. le Capitaine Durand, Chef du Bureau Arabe de Laghouat, datée du 6 Août 1871, ainsi conçue :

A Addoun ben Ba Saïd.

Salutations !

J'ai reçu votre lettre, et j'en ai compris le contenu en détail. Je vous remercie des renseignements que vous m'avez donnés, et c'est comme cela que je veux que vous procédiez à l'avenir.

De mon côté, je vous fais part des nouvelles de notre région, concernant les Beni-Menasser. Vous avez dû apprendre que ces derniers se sont révoltés et ont méconnu l'autorité du Gouvernement.

Je vous informe aussi que Saïd ben Bou-Daoud, est arrivé avec ses goums à Bou-Saâda ; qu'il s'est ensuite séparé d'eux faute d'entente, et que ses goums l'ont vaincu.

Dès qu'il a appris que notre colonne est descendue pour le combattre, à M'Sila près de sa famille, il a eu peur pour les siens et est retourné auprès d'eux. Toutes ces nouvelles sont sur le *Mobacher ;* je vous l'envoie par l'intermédiaire d'El Hadj Brahim ben Djeriba, qui vous le remettra après qu'il l'aura lu. Lisez-le et pénétrez-vous des nouvelles qu'il renferme. A part cela, la paix règne dans toutes les directions.

P.-S. — J'ai oublié de vous parler du nouveau Commandant qui est venu ici. Il était à Djelfa, et précédemment, il commandait l'escadron de Spahis à Laghouat. Je vous en informe, pour que vous puissiez lui écrire.

XIV

Lettre de M. le Capitaine Durand, Chef du Bureau Arabe de Laghouat, datée du 20 Juillet 1874, ainsi conçue :

A l'honorable Addoun ben Ba Saïd.

Salutations !

Je ne vous ai pas écrit au sujet d'Ouargla qui est devenue une dépendance du cercle de Laghouat. Je sais que vous avez dû apprendre la nouvelle depuis longtemps, par la rumeur publique.

Vous m'avez écrit précédemment au sujet des Oulad Ali ben Lechleheb, pour que je leur accorde l'aman (le pardon).

Je vous informe que M. le Maréchal, sur leur demande, vient de leur accorder l'aman.

Dès que vous m'avez écrit, j'ai, de mon côté, écrit à M. le Maréchal et l'ai prié de leur faire grâce ; j'y ai mis tous mes efforts au point qu'il leur a accordé l'aman, à eux et aux personnes de leur suite, qui étaient autrefois avec Bouchoucha.

J'écris au Cheikh Braïk ben Aïssa à ce sujet, ainsi qu'au Chef du cercle de Ouargla.

XV

Lettre de M. le Capitaine Durand, Chef du Bureau Arabe de Laghouat, datée du 15 Août 1874, ainsi conçue :

A Addoun ben Ba Saïd.

Salutations !

Je vous informe que j'ai écrit à toutes les Djemaâs de l'Oued M'zab, pour qu'elles aient à prêter leur appui aux délégués des Oulad Sidi Cheikh, jusqu'à l'arrivée de leurs familles.

Tâchez de connaître discrètement ce que les Beni M'zab pourraient faire à ces délégués.

M. le Général désirerait qu'il leur soit fait du bien.

Vous saurez, que M. le Général a été fort content de l'arrivée de ces délégués, qui se sont présentés à lui d'eux-mêmes, sans passer par l'intermédiaire de qui que ce soit.

Si les Beni M'zab se comportent bien avec ces délégués, c'est ce que nous voulons, sinon, voyez-vous même ce qu'il y aura lieu de faire pour leur être agréables.

Je vous informe que la Djemâa de Melika et la Djemâa des Tolbas de cette ville m'ont écrit pour faire réunir tous les tolbas de l'Oued M'zab afin de juger leur différend.

Si tous les tolbas de l'Oued M'zab se présentaient à la fois, il y aurait à craindre que des troubles plus graves que ceux de la premiè*re* fois n'éclatent encore cette fois-ci.

Je désire que vous preniez les mesures nécessaires pour éteindre cette émeute. Je vous en remercie d'avance.

XVI

Lettre de M. le Capitaine Durand, chef du Bureau Arabe de Laghouat, datée du 1er Octobre 1873, ainsi conçue :

A Addoun ben Ba Saïd.

Salutations !

Je vous informe que je suis arrivé hier de France en bonne santé, je désire que ma lettre vous trouve de même ; s'il y a quelque chose de nouveau au M'zab, faites le moi connaître.

XVII

Lettre de M. le Capitaine Durand, chef du Bureau Arabe de Laghouat, datée du 22 Décembre 1873, ainsi conçue :

A l'honorable Addoun ben Ba Saïd.

Salutations !

Je viens vous remercier des renseignements que contenait votre lettre.

Je n'ai pas d'autres nouvelles à vous annoncer que celles que je vous ai déjà fait parvenir.

Je ne suis pas encore sûr si les ouled Sidi Cheikh ont fait leur jonction à Figuig.

J'ai invité les Caïds des Chambâs de Metlili de me tenir, tous les huit jours, au courant des nouvelles qu'ils auront.

Quand ils m'écriront ne laissez pas leurs lettres s'attarder en route.

XVIII

Lettre de M. le Capitaine Durand, Chef du Bureau de Laghouat, en date du 2 décembre 1873, ainsi conçue :

A l'honorable Addoun Ben Ba Saïd.

Salutations !

J'ai reçu des nouvelles d'Aflou qui m'ont été communiquées par des arabes, et j'ignore si elles sont exactes ou non.

Ces indigènes m'ont dit que Si Kaddour Ben Hamza s'avance à la tête d'une armée et suit l'Oued Medaoura ; que Si Sliman ben Kaddour s'avance aussi à la tête de ses troupes dans la direction de Hamiane ; que dès qu'ils ont appris ces nouvelles, ils ont empêché leurs caravanes de voyager dans le Sud et ont déployé leurs efforts pour ramener leurs montures du côté de l'Est.

Que d'autres troupes de rebelles se sont jetées sur les habitants de la Berizina et leur ont enlevé cinq moutons.

Tels sont les renseignements que j'ai eus, je les porte à votre connaissance ; si vous apprenez quelque chose dans ce sens, je vous prie de me le faire parvenir.

XIX

Lettre de M. le Capitaine Durand, Chef du Bureau Arabe de Laghouat, en date du 2 Mai 1872, ainsi conçue :

A Addoun ben Ba Saïd.

Salutations !

Nous avons perdu quelques chameaux appartenant à l'Etat. Je vous prie de les faire rechercher et de me les envoyer de suite.

XX

Lettre de M. le Capitaine Durand, Chef du Bureau Arabe de Laghouat, en date du 1ᵉʳ Novembre 1872, ainsi conçue :

A Addoun ben Ba Saïd.

Salutations !

Je vous informe que les Chambas de Metlili qui étaient en révolte, ainsi qu'Ahmed ben Ahmed m'ont demandé l'aman (pardon).

J'ai écrit au Général en Chef d'Alger, qui vient de me répondre et de me dire qu'il leur a accordé l'aman à tous.

Seulement l'Etat a infligé à Ahmed ben Ahmed une amende de 500 fr. qu'il paiera avec ses deux frères, pour les désordres qu'il a suscités au Gouvernement.

Quant aux autres personnes, l'Etat leur a infligé une amende de 1.000 fr. Il faut que ces sommes soient payées à la fin du mois de Ramadan. Dès que les sus dits auront payé le montant de ces amendes, ils retourneront en paix à Metlili, et personne ne pourra s'opposer à leur retour. Monsieur le Commandant leur a, du reste, écrit dans ce sens.

XXI

Lettre de M. le Capitaine Durand, Chef du Bureau Arabe de Laghouat, datée du 2 Septembre 1872, ainsi conçue :

A Addoun ben Ba Saïd.

Salutations !

J'ai reçu vos lettres et en ai compris le contenu.

Vous me dites, au sujet de Hamida El Khanfoussi, que vous l'avez retenu pour qu'il ne puisse pas se rendre du côté de l'Ouest.

Je vous informe aussi que lorsque les ouled Sidi Hamza m'ont écrit, ils avaient également écrit à M. le Général et à M. le Commandant.

J'ai transmis leurs lettres à M. le Général, en lui faisant connaître que je ne leur ferai aucune réponse ; puis, je l'ai prié de leur répondre directement, en lui disant que cela était préférable. J'attends donc la lettre que M. le Général m'adressera pour leur être remise.

Vous avez bien fait de retenir Hamida El Kanfoussi pendant quelques jours chez vous jusqu'à l'arrivée de la lettre de M. le Général. Dès que cette lettre me parviendra, je vous l'adresserai afin que vous puissiez la leur envoyer par El Kanfoussi.

XXII

Lettre de M. le Capitaine Durand, Chef du Bureau Arabe de Laghouat, datée du 29 Juin 1872, ainsi conçue :

A Addoun ben Ba Saïd et aux Membres de la Djemaâ des Beni Isguen.

Salutations !

Je vous informe ô Addoun ! que dès que j'ai reçu votre lettre concernant les Oulad Sidi H'amza, je l'ai transmise à M. le Général de la subdivision de Médéah, qui vient aujourd'hui de me répondre par télégramme.

Il me dit que les Oulad-Sidi-Hamza dépendent de la Division d'Oran ; s'ils ont l'intention de demander l'aman (pardon), il faut qu'ils fassent leur demande à M. le Général commandant la Division d'Oran, et ce dernier leur fera connaître les conditions qu'il croira devoir leur imposer.

Je voudrais, moi, leur servir d'intermédiaire auprès de M. le Général de Division d'Oran au sujet des services que l'on exigera d'eux. Il faut donc qu'ils me fassent connaître l'objet de leur demande.

En outre, l'hiver dernier, Sid Làla avait demandé l'aman par l'intermédiaire du fils de Si Naïmi et de Sliman ben Messaoud.

Les Oulad Sidi Hamza n'ont pas précisé dans leur demande les conditions relatives à leur demande d'aman, c'est pour cela que l'affaire n'a pas reçu de solution.

M. le Général désire qu'ils lui précisent leur demande en détails avec toutes leurs conditions avant qu'il écrive à M. le Maréchal ou à M. le Général d'Oran.

XXIII

Lettre de M. le Capitaine Durand, Chef du Bureau Arabe de Laghouat, datée du 21 Juillet 1872, ainsi conçue :

A Addoun ben Ba Saïd.

Salutations !

J'ai reçu votre missive et j'en ai compris le contenu.

J'ai également reçu les deux sabres des Touaregs destinés à M. le Général.

Quand vous m'aurez envoyé les objets restants avec l'individu qui s'est rendu à Ouargla, et dès que je les aurai reçus, j'enverrais le tout à M. le Général.

Je vous ai écrit hier et vous ai dit de ne plus me parler de l'individu dont vous avez appris l'arrivée du Maroc et au sujet duquel vous m'avez déjà écrit.

Il est inutile de me parler encore de lui, j'ai compris ce dont il s'agit après que j'ai reçu votre lettre.

XXIV

Lettre de M. le Capitaine Durand, Chef du Bureau Arabe de Laghouat, datée du 19 Mars 1872, ainsi conçue :

A Addoun ben Ba Saïd et aux Membres de la Djemâ des Beni Isguen.

Salutations !

J'ai reçu les états de toutes les pertes que vous avez subies, mais je n'ai pas compris l'article concernant la caravane qui a été attaquée et pillée à Lahmad.

Il faut que vous me donniez des explications à ce sujet. Dites-moi à quelle époque elle a été attaquée et pillée et par qui, et quels étaient ceux qui l'accompagnaient.

En un mot, racontez-moi toute l'histoire de cette caravane.

Vous me dites que Mohamed Bel Hadj Brahim, a été tué par les Châmbas des Guebalas, et qu'il avait, avec lui, une caravane, mais vous ne me donnez pas d'explications là-dessus, et vous ne me dites pas à quel endroit il a été tué, ni quels étaient ses compagnons, ni ce que les rebelles lui ont enlevé.

En un mot, donnez-moi de plus amples explications sur le pillage de la caravane de Lahmad et sur l'assassinat de Mohamed Bel Hadj Brahim.

XXV

Lettre de M. le Capitaine Durand, Chef du Bureau Arabe de Laghouat, datée du 15 Février 1872, ainsi conçue :

A Addoun ben Ba Saïd.

Salutations !

J'ai reçu vos lettres et vous en remercie.

J'ai compris ce que vous m'avez dit sur le compte des Châmbas et des Mekhademas qui se sont révoltés et sur les pertes que ces derniers ont essuyées.

J'avais déjà reçu ces nouvelles par télégramme d'Alger.

Je vous annonce que la colonne marche dans votre direction. Mon désir est qu'elle s'entende avec notre autre colonne qui se trouve à Ouargla.

Si vous aviez des nouvelles, faites-les-moi parvenir, je vous en serai reconnaissant.

De mon côté, si j'ai des nouvelles, je vous en ferai part.

XXVI

Lettre de M. le Capitaine Durand, Chef du Bureau Arabe de Laghouat, en date du 30 Novembre 1870, ainsi conçue :

A notre ami Addoun ben Ba Saïd.

Salutations !

J'ai reçu vos lettres et j'en ai compris le contenu.

J'envoie El Mebarek ben Abd-Er-Rahman auprès des Châmbas de Metlili, pour qu'il examine avec eux l'affaire concernant le taleb Mohamed ben Omar.

Vous m'avez parlé de l'affaire des Châmbas de Metlili, et vous ne m'avez pas donné des détails à ce sujet.

Dès réception de ma lettre, écrivez-moi plus longuement, et donnez-moi de toutes vos nouvelles.

XXVII

Lettre de M. le Capitaine Durand, Chef du Bureau Arabe de Laghouat, datée du 20 Octobre 1870, ainsi conçue :

A Addoun ben Ba Saïd et aux Membres de la Djemâ des Beni Isguen.

Salutations !

Je vous informe que j'ai reçu aujourd'hui même, un télégramme d'Alger m'annonçant qu'une grande colonne, appartenant aux Oulad Sidi Cheick, s'avance du côté de l'Ouest. Cette nouvelle est exacte et certaine. Je vous en informe pour que vous puissiez vous mettre sur vos gardes et aviser tous vos sujets. Ne négligez rien, et surtout ne vous laissez pas surprendre.

Si vous apprenez autre chose à ce sujet, avisez-moi aussitôt.

XXVIII

Lettre de M. le Capitaine Durand, Chef du Bureau Arabe de Laghouat, datée du 10 Novembre 1869, ainsi conçue :

A Addoun ben Ba Saïd, Chef de la Djemâa des Beni Isquen.

Salutations !

Dès que vous aurez reçu cette lettre, envoyez-la de suite à Metlili.

XXIX

Lettre de M. le Capitaine Durand, Chef du Bureau Arabe de Laghouat, datée du 26 Juin 1865, ainsi conçue :

A Addoun ben Ba Saïd.

Salutations !

Je vous informe que les habitants de Guerara se sont plaints à moi, au sujet des prises qui leur ont été faites précédemment par les Châmbas.

Ces derniers avaient déposé chez vous de l'argent que vous deviez employer à la conclusion d'une transaction entre eux et les habitants de Guerara.

Je croyais cette affaire terminée et liquidée ; lorsque aujourd'hui, les habitants de Guerara me font connaître que vous avez restitué cet argent aux Châmbas.

Dès réception de ma lettre, vous voudrez bien me dire ce qui s'est passé au sujet de cette affaire.

XXX

Lettre de M. le Capitaine Durand, Chef du Bureau Arabe de Laghouat, datée du 16 Avril 1873, ainsi conçue :

A Addoun ben Ba Saïd.

Salutations !

Je vous informe que vous avez à toucher une somme de 42 fr. 10 sur l'amende infligée aux Châmbas, qui, l'année dernière, vous ont enlevé quelques moutons, lors de l'arrivée de Bouchoucha, pour la deuxième fois à Metlili.

Envoyez-donc quelqu'un les toucher ou bien chargez un mandataire qui viendra les recevoir chez moi.

Informez aussi Balhadj ben Abdallah, qu'il a à toucher de l'Etat une somme de 500 fr. pour le compte de son père qui est mort à Mitsat.

Prévenez également El Hadj Brahim ben Youssef qu'il a à toucher 500 fr. pour le compte de son fils décédé au même endroit.

Avisez-les pour qu'ils aient à venir toucher leur argent, à moins qu'ils ne veuillent charger un mandataire pour le toucher en leur lieu et place, car leur argent est déposé aux Domaines.

Vous aviserez aussi Omer ben Daoud qu'il a à toucher pour son propre compte la somme de 400 fr., pour l'indemniser de ce qui a été capturé par les rebelles lors de l'arrivée de Bouchoucha, la première fois.

Dites-lui de venir toucher lui-même cet argent ou de charger un mandataire pour le toucher en ses lieu et place.

P. S. — Nous n'avons pas d'autres nouvelles à vous annoncer en ce moment.

XXXI

Lettre de M. le Capitaine Durand, chef du Bureau Arabe de Laghouat datée du 22 Avril 1875, ainsi conçue :

A l'honorable Addoun ben Ba Saïd.

Salutations !

Je vous informe que M. le Commandant de Langle est changé et vient de quitter Laghouat. Il est remplacé par un Commandant de Tirailleurs.

Je vous adresse une lettre destinée aux trois caïds des Châmbas de Metlili. Veuillez la leur faire parvenir.

XXXII

Lettre de M. le Capitaine Durand, Chef du Bureau Arabe de Laghouat, datée du 23 Septembre 1875, ainsi conçue :

A l'honorable Addoun ben Ba Saïd.

Salutations !

Je vous prie de vouloir bien faire parvenir de suite la lettre que je vous envoie ci-jointe au Caïd Sliman ben Messaoud.

Remerciements.

P.-S. — Je dis au Caïd Sliman dans cette lettre, que j'ai reçu un télégramme m'annonçant que d'après le Caïd Sissifia, Si Kaddour ben Hamza s'avancerait à la tête d'un goum des Zouaou-Aghouat et des Zergate, escorté de cinquante meharis des Oulad Moulad du Sud, et se dirigerait avec toutes ses troupes vers nous, du côté du Sud ; qu'il se serait rencontré avec des cavaliers appartenant aux Châmbas, et qu'après avoir eu peur d'eux, ils auraient fait leur jonction ensemble.

J'ignore si cette nouvelle est exacte ; renseignez-vous à bonne source et avisez-moi de ce que vous aurez appris.

XXXIII

Lettre de M. le Capitaine Durand, Chef du Bureau Arabe de Laghouat, datée du 2 Juin 1874, ainsi conçue :

A Addoun ben Ba Saïd.

Salutations !

J'ai reçu vos lettres et j'en ai compris le sens.

Vous me dites dans votre première lettre que les Châmbas au nombre de 100 tentes se sont avancés sur Nefzaoua, et que vous ignorez s'ils sont en révolte ou non.

Si cette nouvelle vous est confirmée prévenez-moi aussitôt.

Je vous informe aussi que le sabre que vous avez adressé à M. le Général est encore ici, je n'ai trouvé encore personne pour le lui faire parvenir.

Ces jours-ci M. le Commandant et un autre officier iront au Dahra, et je l'expédierai avec eux.

XXXIV

Lettre de M. le Capitaine Durand, Chef du Bureau Arabe de Laghouat, datée du 21 Janvier 1873, ainsi conçue :

A Addoun Ben Ba Saïd.

Salutations !

J'ai reçu votre lettre et j'ai compris ce que vous m'avez dit au sujet de l'orge qui vous est restée et qui a été mangée par les goums au mois de Ramadhan.

J'ai compris aussi ce que vous m'avez dit au sujet de la caisse de poudre que les goums ont laissée en dépôt chez vous, en entendant l'arrivée des chameaux qui doivent vous rapporter l'orge qui vous est restée chez nous.

Dès que ces chameaux arriveront faites partir avec eux la caisse de poudre en question.

XXXV

Lettre de M. le Capitaine Durand, Chef du Bureau Arabe de Laghouat, datée du 29 Novembre 1874, ainsi conçue :

A l'honorable Addoun ben Ba Saïd.

Salutations !

J'ai reçu votre missive et j'en ai compris le contenu, au sujet de l'attaque dont vous m'avez parlé.

L'Agha de Ouargla m'a avisé que les rebelles ont capturé deux caravanes appartenant aux Châmbas et aux Mekhadmas à l'endroit appelé « Daïet-El-Atatcha ».

J'ai aussi reçu une lettre du Cheikh d'El-Goléa me disant que les rebelles les ont attaqués à « Hassi-Oullen ».

En conséquence, je vous informe que si vos caravanes doivent se rendre à Ouargla ou ailleurs, qu'elles s'abstiennent de voyager si elles sont faibles.

XXXVI

Lettre de M. le Capitaine Durand, Chef du Bureau Arabe de Laghouat, datée du 30 Janvier 1866, ainsi conçue :

A Addoun ben Ba Saïd.

Salutations !

J'ai reçu votre lettre et j'en ai compris le contenu,

Je vous informe que Si Kaddour ben Hamza est campé près de Labiod Sidi Cheick, et que ses goums ont enlevé quelques moutons aux habitants de la Bérizina ; j'ignore si les troupes qu'il a avec lui sont considérables ou non.

Aujourd'hui la colonne de Laghouat se dirige du côté de l'Ouest pour l'attaquer.

Ce même jour, une autre colonne quitte Djelfa se rendant à Laghouat et une autre colonne de Messaàd descend également pour le cerner.

XXXVII

Lettre de M. le Capitaine Durand, Chef du Bureau Arabe de Laghouat, datée du 9 Avril 1875, ainsi conçue :

A l'honorable, Addoun ben Ba Saïd.

Salutations !

Je vous envoie ouverte une lettre destinée à être remise aux Châmbas de Metlili. Lisez-la et pénétrez-vous de ce qu'elle contient, puis, fermez-la, cachetez-la, et envoyez-la leur, merci !

XXXVIII

Lettre de M. le Capitaine Durand, Chef du Bureau Arabe de Laghouat, datée du 18 Novembre 1873, ainsi conçue :

A l'honorable Addoun ben Ba Saïd.

Salutations !

Je vous fais parvenir une lettre qui vous est adressée de Médéah.

Je n'ai pas, en ce moment autre chose à vous annoncer si ce n'est ce qui vous a été déjà dit par les Caïds des Chàmbas de Metlili à savoir que Bouchoucha a l'intention de se soulever.

XXXIX

Lettre de M. le Commandant Durand, chef du poste de Lebiod et de ses dépendances, en date du 6 Décembre 1876, ainsi conçue :

A notre ami Sid Addoun ben Ba Saïd.

Salutations !

J'ai reçu votre lettre et vous en remercie.

Je vous connais par votre bonne conduite et je suis toujours content des gens qui servent bien notre cause. Ceux-là ne m'oublieront pas et moi de mon côté je ne les oublierai pas.

Je n'oublierai jamais la ville de Laghouat et ses habitants.

Vous devez savoir que si je suis nommé ici dans cette ville, c'est avec avance· ment et une élévation de grade.

Je me porte bien et n'oublierai pas mes amis.

XL

Lettre de M. le Capitaine Durand, Chef du Bureau Arabe de Laghouat, datée du 18 Juillet 1871, ainsi conçue :

A Addoun ben Ba Saïd.

Salutations !

J'ai reçu votre présente lettre et vous en remercie.

J'avais l'intention de vous répondre de suite, mais j'attendais pour cela l'arrivée du nouveau Commandant désigné pour commander le poste de Laghouat. Comme je vois qu'il tarde à venir, je vous écris aujourd'hui pour vous dire que le Commandant sera ici dans deux jours. Je vous le présenterai pour que vous fassiez sa connaissance.

Lorsque vous êtes venu nous voir l'année dernière, vous l'avez vu; il était à ce moment-là commandant l'escadron de Spahis, mais aujourd'hui il est désigné pour le commandement du poste de Laghouat.

Je vous ai envoyé deux journaux relatant les nouvelles survenus avec les Kabyles.

Ces troubles sont sur le point de prendre fin.

Dès que le nouveau Commandant viendra je lui parlerai de tous vos services.

Je vous annonce aussi, et cela à titre confidentiel, que j'ai appris que certains individus des Chàmbas de Metlili sont allés combattre dans les rangs de Bouchoucha.

Si vous pouvez m'envoyer discrètement une liste m'indiquant exactement les noms de ces individus, faites-le.

XLI

Lettre de M. le Capitaine Durand, Chef du Bureau Arabe de Laghouat, en date du 6 février 1874, ainsi conçue :

A Addoun Ben Ba Saïd.

Salutations !

J'ai reçu vos lettres et j'en ai compris le contenu.

J'ai également reçu une lettre du spahis Mohamed ben El Gradi que j'ai dépêché auprès de vous pour vous porter mes lettres ; mais je n'ai pas compris ce qu'il a voulu me dire. Il me fait part qu'il veut rester au M'zab.

Si à l'arrivée de ma lettre, il est de retour à Laghouat, c'est ce que je désire, mais s'il est encore au M'zab, montrez-lui ma présente missive et dites-lui de se dépêcher de revenir à Laghouat.

LXII

Lettre de M. le Capitaine Durand, Chef du Bureau Arabe de Laghouat, datée du 29 Septembre 1870, ainsi conçue :

A Addoun ben Ba Saïd.

Salutations !

Je vous informe que le Commandant du poste de Lebiod m'a télégraphié pour m'annoncer qu'une armée composée de 200 cavaliers et de cent chameaux a été aperçue au Sud de Figuig.

Aujourd'hui, il m'a télégraphié à nouveau pour me dire que cette armée a été vue à l'endroit dit « Benoud » se dirigeant vers l'Est ; d'après ces renseignements, si cette armée continue à avancer elle doit être aujourd'hui à « Sekker »

Dès réception de ma présente lettre vous préviendrez vos sujets d'avoir à se mettre sur leurs gardes.

XLIII

Lettre de M. le Capitaine Durand, Chef du Bureau Arabe de Laghouat, du 4 Février 1871, ainsi conçue :

A Addoun ben Ba Saïd.

Salutations !

Je vous informe que les habitants d'El Attef ont écrit à M. le Colonel pour lui dire que Djaffar El Madhouï est arrivé en fuite d'El Goléa.

Ils lui ont aussi parlé d'El Madhi de Si Zoubeïr ben Bou Baker et de Chérif El Khallate, qui se seraient réunis à Oued Teguir, dans l'intention de susciter des troubles.

Quand j'ai appris ces nouvelles, j'ai été très étonné de ce que vous ne me les ayez pas annoncées.

Je me suis dit que du moment que vous ne m'avez rien dit à ce sujet, il doit y avoir quelque chose de vrai.

Donc, dès réception de mes présentes instructions vous voudrez bien m'aviser immédiatement, et sans retard, de la créance que l'on peut ajouter à ces nouvelles de tout ce que vous aurez appris là-dessus.

XLIV

Lettre de M. le Capitaine Durand, Chef du Bureau Arabe de Laghouat, datée du 5 Mars 1871, ainsi conçue :

A Addoun ben Ba Saïd.

Salutations !

Votre lettre m'est parvenue et j'ai compris ce que vous m'avez dit concernant les nouvelles de Ouargla, nouvelles relatives au chérif qui s'est rendu dans cette ville, et qui, vu la faiblesse de ses troupes, a été accueilli avec indifférence par les habitants. Mais cela ne fait rien, tenez-moi tout de même au courant de ce qu'il fera et de ce que fera Si Zoubeïr, El Mouadhi et les autres.

Je vous informe aussi que la paix est faite entre la France et la Prusse, et qu'aujourd'hui la guerre est finie entre ces deux puissances.

Quant aux troupes qui étaient en Algérie elle vont revenir pour reprendre garnison dans la colonie.

XLV

Lettre de M. le Capitaine Durand, Chef du Bureau Arabe de Laghouat, datée du 5 Janvier 1874, ainsi conçue :

A Addoun ben Ba Saïd.

Salutations !

J'ai reçu votre lettre et j'en ai compris le contenu.

Je n'ai pas en ce moment des nouvelles de l'Ouest à vous annoncer.

Quant à la lettre que vous avez adressée à M. le Général, elle partira aujourd'hui pour lui être remise.

XLVI

Lettre de M. le Capitaine Durand, Chef du Bureau Arabe de Laghouat, datée du 3 Mars 1871, ainsi conçue :

A Addoun ben Ba Saïd.

Salutations !

J'ai reçu aujourd'hui un télégramme d'Oran, m'informant, d'après l'Agha Si Sliman ben Kaddour, que Si Kaddour ben Hamza s'est soulevé et est arrivé à « Eddef » à l'endroit dit « Oum Falet » au Nord de Figuig.

Quand le Général en Chef d'Oran a appris cette nouvelle, il a invité toutes les colonnes placées sous ses ordres, ainsi tous les goums et, toutes ces troupes réunies sont allées pour le combattre, mais nous ignorons quelle direction il a prise.

XLVII

Lettre de M. le Capitaine Durand, Chef du Bureau Arabe de Laghouat, datée du 27 Août 1875, ainsi conçue :

A Addoun ben Ba Saïd.

Salutations !

Je vous informe au sujet de l'affaire de Barriane que j'ai reçu l'ordre d'Alger d'expulser de cette ville quatre individus des Oulad Yahia.

J'ai donné des ordres pour qu'on les expulse comme ont été expulsés quatre autres hommes des Beni M'zab.

Il leur est désormais interdit de pénétrer ou d'habiter à l'Oued-M'zab, à moins que toutes les Djemâas de la confédération du M'zab ne consentent à les laisser retourner au pays, et que les Mozabites ne m'écrivent pour me demander cette autorisation ; sinon le séjour au M'zab est formellement interdit aux sus-dits.

Après leur départ, je ne vois pas d'inconvénient à ce que les gens raisonnables tentent une conciliation entre eux et les Beni-M'zab.

XLVIII

Lettre de M. le Capitaine Durand, chef du Bureau Arabe de Laghouat, datée du 8 Octobre, 1870, ainsi conçue :

A Addoun ben Ba Saïd.

Salutations !

J'ai reçu votre lettre et j'en ai compris le sens.

En ce qui concerne les Châmbas, je vous annonce que leur soumission est aujourd'hui chose accomplie, du moment qu'ils suivent la voie de l'équité et qu'ils se conforment à nos ordres.

Vous avez été pour beaucoup dans cette affaire.

Les Châmbas m'ont informé d'une attaque dont ils ont été l'objet de la part des rebelles à El-Mouadhi et d'une attaque de révoltés qui seraient venus se désaltérer à Hassi-Bouzid.

Ces nouvelles sont les mêmes que celles que je vous ai communiquées antérieurement. Je vous disais, en effet, dans une de mes précédentes lettres, de vous renseigner à ce sujet auprès de Sidi El Hadj Eddine.

Il me semble qu'il n'y a là qu'un fait unique, c'est-à-dire, une seule attaque, car, je n'ai pas reçu d'autres nouvelles après celles que je vous ai déjà fait parvenir.

J'ai reçu de bonnes nouvelles de France, mais de peu d'importance.

XLIX

Lettre de M. le Capitaine Durand, Chef du Bureau Arabe de Laghouat, datée du 6 Août 1872, ainsi conçue :

A Addoun ben Ba Saïd.

Salutations !

Dès réception de ma lettre vous voudrez bien m'aviser au sujet des objets des Touaregs, destinés à M. le Général, objets qui se trouvent d'après vous à Ouargla.

Faites-moi connaître à quelle époque vous les recevrez; si cette époque est encore éloignée, je lui enverrai les objets que j'ai chez moi ; si au contraire, vous pensez les recevoir sous peu, j'attendrai jusqu'à ce que vous me les ayez envoyés pour les expédier ensemble.

Faites-moi part des nouvelles du Sud et de celles de l'Ouest, donnez-moi à ce sujet des renseignements précis, détaillés et complets, et avisez-moi aussi au sujet des Oulad Sidi-Cheick.

En ce qui concerne ces derniers, veuillez leur dire de m'écrire dans le sens qu'ils voudront, et de me demander ce qu'ils jugeront convenable.

S'ils désirent m'écrire, qu'ils m'écrivent de chez eux, c'est-à-dire de leur pays.

Ils ne pourront se rendre ni à Metlili, ni aux environs, ni au M'zab ou aux environs, tant qu'ils n'auront pas obtenu de nous l'aman (pardon).

Quant M. le Général leur aura accordé l'aman, et quand ils l'auront en mains, à ce moment là alors, ils pourront se rendre soit à Metlili, soit au M'zab, soit à Laguouat ; sans cela ils ne pourront pas approcher de ces villes.

Pour la correspondance ils n'auront qu'à m'écrire de chez eux, c'est-à dire de leur pays.

Je vous ai expliqué ce qu'il y a à faire.

De votre côté faites leur bien comprendre tous ces détails que je vous donne et tenez-moi exactement au courant de ce que vous aurez fait, merci.

L

Lettre de M. le Capitaine Durand, Chef du Bureau Arabe de Laghouat, datée du 6 Juin 1872, ainsi conçue :

A Addoun ben Ba Saïd.

Salutations !

J'ai reçu vos lettres et j'en ai compris le sens, relativement aux révoltés dont vous m'avez parlé.

M. le Commandant à écrit à M. le Général pour lui dire d'envoyer les deux goums du Sud au M'zab, et M. le Général, accueillant sa demande, va envoyer les deux goums de Larbâ et des Ouled-Naïl au M'zab, où ils séjourneront.

Tâchez de vivre avec eux en bonne intelligence.

Nous n'avons pu, en ce moment, leur faire transporter l'orge nécessaire à la nourriture de leurs chevaux ; il faut donc que vous leur fournissiez de l'orge de chez vous, soit 4 kilos par nuit et par cheval.

M. le Commandant vous ordonne à vous et aux membres de la Djemâa des Beni-

Isguen de vous réunir avec les membres de la Djemâa de Gardaïa et de vous entendre pour la répartition de cet orge, entre les ksours de l'Oued-M'zab.

C'est là, en somme, un prêt que vous aurez à nous consentir et que nous vous rembourserons ici à Laghouat.

Pour la paille vous en donnerez tous une certaine quantité aux goums.

M. le Commandant a donné l'ordre aux goums d'interdire aux insurgés l'entrée du M'zab.

Ils ont l'ordre de les arrêter s'ils tentaient de s'y rendre soit en personne, soit avec leurs familles, ou sous prétexte de venir traiter des affaires, à moins que ces insurgés ne veuillent présenter des délégués qui viendront à Laghouat, à ce moment là alors les goums les laisseront venir.

De même, si les familles des marabouts qui sont emprisonnés voulaient se rendre au M'zab, telles que : la famille de Ben Aïche, celle de Abd Er-Rahman ben El Hadj Youssef et d'El Mouadhi, dites aux goums de les laisser passer.

Je viens de dire à ces derniers qui si leurs familles consentaient à se rendre au M'zab, je les ferai mettre aussitôt en liberté.

A part ces personnes-là n'en laissez pas d'autres venir au M'zab et tâchez de vous conformer à nos ordres et de suivre nos instructions.

Pour le goum de Larbà qui se compose de 45 cavaliers, vous commencerez à lui donner de l'orge le 7 du mois courant à raison de 4 kilos par cavaliers, ce qui fait, pour les 45 cavaliers, 180 kilos d'orge par jour.

Ces cavaliers n'ont pas de gourdes, s'ils sont attaqués à l'improviste il faut que vous leur procuriez des gourdes en nombre suffisant ; préparez-les leur et laissez-les dans une maison chez vous ; et aussitôt le signal de l'alerte donné, vous les leur remettrez.

J'ai donné aux cavaliers composant ce goum des galettes comme vivres de route.

Ils ne se rendent chez vous que pour vous prêter leur assistance, si vous pouvez les aider d'un peu de nourriture de chez vous, à titre purement gracieux, faites-le.

Si vous avez des nouvelles à m'adresser, faites-les moi parvenir de suite par l'entremise d'un Mehari, car, le cavalier ne pourra pas me les apporter en ce moment.

LI

Lettre de M. le Capitaine Durand, Chef du Bureau Arabe de Lughouat, datée du 7 Février 1871, ainsi conçue :

A Addoun ben Ba Saïd.

Salutations !

Je vous informe que M. le Général vient de m'écrire à nouveau au sujet des Châmbas de El-Mouadhi, et de me dire que si ceux-ci présentaient une délégation pour demander leur soumission, de les recevoir aussitôt.

Je vous avise que je leur écris de nouveau à ce sujet ; s'ils veulent présenter une délégation, nous accepterons d'eux leurs services.

Quant à la lettre leur accordant l'aman (pardon) je la leur ai envoyée antérieurement.

Je leur écris aujourd'hui à eux et aux membres de la Djemâa des Châmbas de de Metlili.

Veuillez, je vous prie, leur faire parvenir ces lettres.

LII

Lettre de M. le Capitaine Durand, Chef du Bureau Arabe de Laghouat, en date du 29 Février 1876, ainsi conçue :

A notre ami Addoun ben Ba Saïd.

Salutations !

Je vous informe que je pars pour Alger où je viens d'être nommé.

Je vous quitte donc en vous souhaitant une bonne santé.

Si je dois rester à Alger écrivez-moi de temps à autre, je n'oublierai pas vos services.

LIII

Lettre du Bachagha de Laghouat, Sid Ali ben Ahmed, datée du 22 Juin 1871, ainsi conçue :

A l'honorable Addoun Ben Ba Saïd.

Salutations !

Je vous informe que j'ai reçu aujourd'hui une lettre de M. le Général en chef d'Alger, lettre adressée à vous et à moi, au sujet de Si Zoubeïr ben Bou Baker, nous priant de lui écrire pour l'engager à faire acte de soumission à la France.

M. le Général prend l'engagement de donner à Si Zoubeïr tout ce qu'il demande, de lui rendre tous ses immeubles, tant ceux situés à Bérizina, que ceux situés à Ouargla ou ailleurs.

Il prend l'engagement aussi, de lui conférer le commandement sur tout le côté Sud, c'est-à-dire, de Ouargla et de ses environs, et de lui donner, en un mot, tout ce qu'il désire.

Vous savez très bien, que s'il voulait se soumettre au Gouvernement Français, il ne lui manquerait rien et qu'il obtiendrait tout ce qu'il solliciterait, surtout que nous sommes, vous et moi, ses intermédiaires auprès de la France dans cette affaire.

Je vous informe que M. le Général nous a chargés vous et moi seuls de cette affaire, et pas d'autre.

Il faut donc que nous y déployions tous nos efforts, faudrait-il même pour cela que nous dépensions de fortes sommes d'argent de nos propres deniers, car, nous sommes chargés de cette mission par le Général en Chef.

Dès réception de ma présente lettre vous tâcherez de vous rendre auprès de Si Zoubeïr, et de lui expliquer toute l'affaire.

Je vous envoie la lettre qui nous est adressée, à vous et à moi, par M. le Général.

Lisez-là et comprenez-là, puis, vous la lirez à Si Zoubeïr et vous direz, que vous et moi, nous nous portons garants de tous les engagements pris par les autorités françaises.

Dites-lui aussi que nous nous portons garants pour sa personne, il n'a donc rien à craindre ; qu'il ne se mette dans la tête ni doute ni incertitude.

S'il veut que je me rende moi-même auprès de lui, ou que je délègue pour cette mission mon frère El Hadj Taouti, je suis prêt à le faire.

Lorsque nous serons tous les deux ensemble avec lui, s'il a l'intention de se rencontrer avec le Général de Boghar, nous l'escorterons, nous lui tiendrons compagnie, et il causera lui-même au Général de cette affaire.

Dites-lui bien, que s'il le désire, un de nous restera en ôtage à sa place jusqu'à son retour auprès de sa famille et jusqu'à la fin de l'entrevue qu'il aura avec M. le Général.

S'il arrive à tomber d'accord avec les autorités françaises et s'il accepte leurs conditions, c'est ce que nous désirons, et s'il plait à Dieu, il n'y aura plus d'équivoque là-dessus.

S'il ne tombe pas d'accord avec les représentants de la France, il retournera en paix auprès des siens, et celui de nous qui sera resté en ôtage à sa place, reviendra aussitôt auprès de sa famille.

Veuillez, je vous prie, lui expliquer tous ces faits en détail, et insister à ce sujet pour qu'il accepte.

Dites-lui aussi que du moment que c'est nous qui sommes chargés de traiter pour lui avec les autorités françaises, nous ne le trahirons pas, car, il n'est pas dans nos habitudes ni dans nos actes de tromper qui ce soit surtout lui, qui est un compatriote, et qui nous connaît comme nous le connaissons nous-mêmes.

Tout le monde sait que c'est nous qui sommes chargés de son affaire.

Qu'il ne craigne donc absolument rien de notre côté, nous ne le tromperons pas, à Dieu ne plaise !

Activez vos démarches, faites vite et rendez-moi immédiatement la réponse avec les explications que vous fournira Si Zoubeïr, et votre avis sur cette affaire.

LIV

Lettre de M. le Général de Laverdo, datée du 23 Mars 1877, ainsi conçue :

A Addoun ben Ba Saïd.

Salutations !

J'ai compris le contenu de vos lettres, et je désire vous voir à Laghouat avant mon départ pour Médéah.

Veuillez donc, vous rendre de suite à Laghouat pour que je puisse vous voir.

Si vous ne me trouvez pas à Laghouat, vous pousserez jusqu'à Djelfa, où vous me verrez.

LV

Lettre de M. le Commandant de Langles, datée du 4 Août 1873, ainsi conçue :

A Addoun ben Ba Saïd.

Salutations !

J'ai reçu votre lettre concernant la plainte que vous m'avez portée au sujet de vos immeubles, situés à Ouargla.

J'ai examiné attentivement et minutieusement le contenu de vos plaintes et voici ce que j'y réponds.

Ecrivez à l'agha de Ouargha et demandez-lui de vous autoriser à faire la récolte de vos immeubles sus-désignés. S'il vous répond par une fin de non-recevoir, vous m'adresserez alors cette lettre avec celle que vous avez reçue de lui ces jours derniers.

Ne négligez rien. Je vous remercie des renseignements que vous avez bien voulu me faire parvenir.

LVI

Lettre de M. le Colonel Labrousse, chef du Bureau Arabe de Laghouat, datée du 13 Octobre 1861, ainsi conçue :

A Messieurs les Membres de la Djemâa des Beni Isguen.

Salutations !

Je vous annonce que Son Excellence M. le Maréchal se rend à Laghouat. Si vous désirez le voir, et si vous avez de l'estime pour lui, tâchez de vous rendre à Laghouat le 19 du mois courant.

LVII

Lettre de M. le Capitaine Spitallier, du Bureau Arabe de Laghouat, datée du 22 Mars 1882, ainsi conçue :

A Addoun ben Ba Saïd.

Salutations !

Je vous informe que M. le Colonel, Chef du Bureau de Laghouat, a chargé le spahi Ahmed ben Hassane de se rendre dans les villes du M'zab pour réunir des maîtres-maçons afin qu'ils aillent faire des travaux pour le compte de l'Etat à Ouargla.

Je sais que vous vous êtes autrefois occupé de ces gens-là, je compte donc sur vous plus que sur toute autre personne du M'zab.

Aidez-le donc à trouver ces maçons, car je compte sur vous pour me tranquilliser au sujet de cette affaire.

Je vous adresse la présente lettre directement pour vous prier de ne pas apporter de négligence dans cette affaire.

Je confie au spahi Ahmed ben Hassane une lettre pour toutes les Djemâas du Beni M'zab, et le charge de vous remercier en mes lieu et place, au sujet de ce que vous avez bien voulu m'adresser par l'intermédiaire de El Belilah.

Vous m'avez rendu là un grand service et je vous en saurai gré car, j'ai immédiatement transmis en France cet envoi qui est d'un grand intérêt.

LVIII

Lettre du Père Richard, missionnaire à Metlili, ainsi conçue :

A notre ami Addoun ben Ba Saïd.

Salutations !

Je vous remercie sincèrement des services que vous ne cessez de me rendre.

Veuillez, je vous prie, remettre mes effets à El Hadj ben Bou Baker qui me les apportera à Metlili.

LIX

Lettre de M. le Colonel de Génès, Commandant Supérieur du Cercle de Laghouat, datée du 4 Décembre 1866, ainsi conçue :

A Addoun ben Ba Saïd et aux Membres de la Djemâa des Beni Isguen.

Salutations !

Je vous informe qu'un individu répondant au nom de Daoud ben Mohammed a pris la fuite après avoir tué deux personnes.

Dès réception de ma présente lettre, vous voudrez bien le faire rechercher et me l'envoyer immédiatement à Laghouat.

Voici le signalement de cet homme :

Age : 45 ans ;

Taille : moyenne ;

Yeux : bleus ;

Barbe : légère et ayant quelques cheveux grisonnants ;

Bouche : grande ;

A un tatouage sur la joue droite ; et une dent de la mâchoire supérieure manquant.

Il est sourd, a le nez mince et est faible de constitution.

LX

Lettre de M. le Capitaine Le Roux, Chef du Bureau Arabe de Laghouat, datée du 4 Décembre 1866, ainsi conçue :

A Addoun ben Ba Saïd.

Salutations !

Je vous envoie une lettre destinée au Caïd Ali Bey et concernant l'affaire de ses palmiers situés à Ouargla.

Remettez-là à Sliman ben Aïssa des Beni Isguen pour qu'il puisse la lui faire parvenir.

Je vous envoie en même temps une autre lettre destinée à Ali ben Harouz des Châmbas au sujet de l'affaire de son chameau, affaire pendante devant le Caïd des Oulad Yagoub, Mahmoud ben Bou Azza.

LXI

Lettre de M. le Capitaine Le Roux, Chef du Bureau Arabe de Laghouat, datée du 2 Septembre 1866, ainsi conçue :

A Addoun ben Ba Saïd et aux Membres de la Djemâa des Beni Isguen.

Salutations !

J'ai appris que les Lâla, les Touaregs et les Mouadhi se sont révoltés.

J'ai également appris une autre nouvelle de Bou Baker ben Kaci, que les Touaregs, au nombre de trois cents cavaliers, se sont révoltés et qu'après s'être séparés, quelques uns de ces cavaliers sé sont dirigés du côté de Ouargla et que les autres se sont rendus au Dahra.

Veuillez donc m'envoyer des renseignements exacts à ce sujet, et transmettez-moi de suite vos renseignements à Nilli, car je suis campé avec la colonne à Nilli.

LXII

Lettre de M. le Capitaine Durand, Chef du Bureau Arabe de Laghouat, datée du 20 Avril 1870, ainsi conçue :

A Addoun ben Ba Saïd.

Salutations !

Je vous annonce que notre serviteur Lambareck ben Abderrahman se rend à Metlili par ordre de M. le Colonel. S'il a besoin de quelque chose auprès de vous, prêtez-lui votre concours, je vous en remercie.

LXIII

Lettre de M. le Colonel Cérès, chef du Bureau Arabe de Laghouat, datée du 21 Octobre 1870, ainsi conçue :

A Addoun Ben Ba Saïd.

Salutations !

J'ai reçu votre lettre concernant les Châmbas qui ont été capturés et vous en remercie.

Je n'ai pas en ce moment de nouvelles à vous annoncer concernant l'Ouest, je vous dirai seulement que la paix règne de ce côté.

Je vous informe que Ali Bey s'est rendu à Ouargla avec sa colonne, tachez de leur prêter votre concours.

Pour ce qui est de la France, elle est en voie de prospérité et est beaucoup mieux qu'avant.

Tachez d'envoyer quelqu'un auprès des habitants de Guerara, au sujet de l'affaire des moutons pendante entre les Châmbas et vous.

Quand ce quelqu'un sera chez eux, il examinera l'affaire avec eux. Je leur ai déjà causé de cette affaire.

LXIV

Lettre de M. le Colonel Cérès, chef du Bureau Arabe de Laghouat, datée du 28 Octobre 1870, ainsi conçue :

A Addoun ben Ba Saïd.

Salutations !

A Addoun Ben Ba Saïd.

Salutations !

J'ai reçu votre lettre et vous en remercie.

Je vous informe que j'ai reçu aujourd'hui un télégramme d'El Abiod m'annonçant que les Oulad Sidi Cheick sont en train de réunir les gens de l'Ouest pour préparer un soulèvement important.

Je vous en informe pour que vous puissiez aviser vos sujets d'avoir à se mettre sur leurs gardes.

En outre, je viens d'écrire aux membres de la Djemaâ des Châmbas au sujet des mulets du taleb Mohamed ben Omer.

LXV

Lettre de M. le Commandant Cros, chef du Bureau Arabe de Laghouat, datée du 20 Mars 1871, ainsi conçue :

A tous les Chefs de la Djemaâ des Beni Isguen et plus particulièrement à Addoun ben Ba Saïd.

Salutations !

Je vous annonce que le Caïd des Ababdas, ben Yahia ben El Adjal se rend auprès de vous pour voir ce qui se passe chez vous.

De votre côté, veuillez me faire part de suite des nouvelles que vous recevrez.

Je vous remercie pour votre dérangement.

Quant à moi, je m'avance dans votre direction avec la colonne et tous les goums, ne craignez absolument rien.

Pour ce qui est des troupes, je vous annonce qu'elles viennent en nombre considérable du Dahra.

Que Dieu protège la France et ses habitants.

LXVI

Lettre de M. le Commandant Cros, Chef du Bureau Arabe de Laghouat, datée du 18 Avril 1870, ainsi conçue :

A Addoun Ben Ba Saïd.

Salutations !

J'ai reçu vos lettres ; j'en ai compris le contenu relativement à Si Zoubeïr et je vous en remercie.

Je vous annonce que j'ai reçu des nouvelles d'Alger concernant Si Kaddour ben Hamza qui vient de demander l'aman (pardon) au Gouvernement Français et de faire acte de soumission à la France.

Gloire à Dieu ! La paix va maintenant régner à l'Ouest, car la paix est la source de la fortune et du bonheur.

Je vous envoie une partie de goum pour voir ce qu'il y aura à faire là-bas. S'il survenait quelque chose par exemple, les goums feront appel au concours du Caïd Lakhdar ben Mohamed, qui est à Guerara, et qui a, avec lui, des goums et des spahis en quantité considérable.

LXVII

Lettre du Caïd Mohamed ben Fredj-Allah et de Kouider ben Tougar, datée du 2 Juillet 1873, ainsi conçue :

A Addoun ben Ba Saïd et aux Membres de la Djemaâ des Beni Isguen.

Salutations !

Nous vous annonçons que les Oulad Sidi Hamza sont campés dans leurs premières positions.

En ce qui concerne Sidi Kaddour ben Hamza, nous avons appris que l'on est en train de lui construire un palais à Guerara.

Quant à Bouchoucha, il est descendu avec sa famille chez les Oulad Ali ben Lachcheb. Il a avec lui une armée et désire se soulever dans la direction d'El Medjabed. Son armée est faible.

Tels sont les renseignements que nous avons pu recueillir, nous les portons à votre connaissance.

LXVIII

Lettre de M. le Général de Laverdo, Commandant la Subdivision de Médéah, de passage à Laghouat, datée du 7 Février 1875, ainsi conçue :

A Sid Addoun ben Ba Saïd.

Salutations !

J'ai reçu votre lettre aujourd'hui, je l'ai lue, et j'en ai compris le contenu, puis, j'ai donné l'ordre pour que l'on me prenne une copie de cette lettre.

Si j'ai tardé à répondre à votre lettre jusqu'à ce jour, c'est que j'avais l'intention de vous répondre de vive voix, devant moi-même me rendre chez vous.

De toutes façons, soyez persuadé que je ne vous oublierai pas.

LXIX

Lettre de M. le Colonel Cérès, Commandant Supérieur du Cercle de Laghouat, datée du 11 Août 1870, ainsi conçue :

A Addoun ben Ba Saïd.

Salutations !

J'ai reçu votre lettre concernant l'autorisation à accorder aux caravanes des Châmbas pour aller faire leurs provisions de grains, et j'en ai compris le contenu.

Comme vous me l'avez dit, je les autorise à circuler.

Je consentirais volontiers à toutes les sollicitations qu'ils me feront avant l'arrivée de leurs délégués.

Aussitôt que ceux-ci arriveront chez moi, si je puis tomber d'accord avec eux, c'est parfait; sinon il n'y aura rien de fait.

LXX

*Lettre de M. le Commandant Emond, Chef du Bureau Arabe
de Laghouat, datée du 12 Août 1872, ainsi conçue :*

A Addoun ben Ba Saïd, Chef de la Djemaâ des Beni Isguen.

Salutations !

Je vous informe que j'ai reçu vos lettres et que j'en ai compris le sens. Je suis
très content de vos services. Dieu vous récompensera.

Je vous invite d'avoir à ne laisser personne parmi les insurgés ou les Oulad Sidi
Cheick, pénétrer à l'Oued M'zab. Faites-y bien attention.

En ce qui concerne les lettres des Oulad Sidi Cheick que vous m'avez transmises
vous même je les ai reçues et les ai adressées à M. le Général qui ne m'a pas
encore rendu de réponse à ce sujet.

LXXI

*Lettre de M. le Colonel de Lamers, datée du 19 Février 1872,
ainsi conçue :*

A Addoun ben Ba Saïd et aux Membres de la Djemaâ des Beni Isguen.

Salutations !

Dès réception de ma lettre, faites arrêter le nommé Djelloul ben Hadj Mohamed
ben El Haflane, qui était secrétaire de Bouchoucha ainsi que Abd El Kader ben
Kebdi, qui sont tous les deux cachés chez vous aux Beni Isguen.

Dès que vous les aurez arrêtés, vous les enverrez sous bonne escorte à M. le
Général de Tuggurth. Ne négligez rien de mes instructions et avisez-moi de ce
que vous aurez fait.

LXXII

*Lettre de M. l'Officier Reibell, Sous-Chef du Bureau Arabe
de Laghouat, datée du 26 Décembre, 1871, ainsi conçue :*

A Addoun ben Ba Saïd, Chef de la Djemaâ des Beni Isguen.

Salutations !

La lettre que vous avez adressée à M. le Capitaine au sujet des palmiers des
Oulad Sidi Cheick de Metlili, m'est parvenue, et j'en ai compris le contenu.

Dès réception de ma présente lettre informez-moi au sujet des goums des Oulad
Sidi Cheicks qui se trouvent actuellement à Metlili.

Dites-moi ce qu'il font là-bas à Metlili. Y ont-ils présenté une délégation ou bien
ont-ils l'intention de se soulever ?

Renseignez-moi exactement à ce sujet et dites-moi si réellement Bouchoucha est
mort ou non.

Informez-moi aussi au sujet des Chàmbas et des Mekhadmas et dites-moi s'ils
ont l'intention de se soulever de ce côté là. Renseignez-moi sur tout et rendez-
moi la réponse de suite.

LXXIII

Lettre de M. l'Officier Reibell, Sous-Chef du Bureau Arabe de Laghouat, datée du 5 Janvier 1872, ainsi conçue :

A Addoun ben Ba Saïd et aux Membres de la Djemaâ des Beni Isguen.

Salutations !

Dès réception de ma lettre je vous prie de vouloir bien m'informer de suite si les Oulad Sidi Cheick sont encore à Metlili ou non.

Informez-moi aussi au sujet des moutons des Châmbas que les Oulad Sidi Cheick leur ont pris, et dites-moi si ces derniers leur ont restitué ces moutons ou non.

Avisez-moi si Bouchoucha est mort réellement ou non, et si les Châmbas et les Mekhadmas ont l'intention de se soulever ces jours-ci.

N'oubliez pas de m'écrire de suite et sans retard et de me donner les renseignements demandés.

LXXIV

Lettre de M. l'Officier Reibell, Sous-Chef du Bureau Arabe de Laghouat, datée du 13 Juin 1872, ainsi conçue :

A Addoun ben Ba Saïd.

Salutations !

J'ai reçu toutes vos lettres et j'en ai compris le contenu.

Je vous informe que Hamida El Khanfoussi est libre de circuler à l'Ouest et de revenir dans cette même direction.

J'ai écrit à Si Tahar ben El Mir pour lui dire de lui restituer son chameau ; seulement dans tous les déplacements que Hamida fera, il est tenu à montrer ses effets à Si Tahar ben El Mir qui les examinera avec un notable de Larbâ ; ceux-ci examineront tant les effets qu'il emportera avec lui que ceux qu'il ramènera à l'Ouest.

Il faut absolument que Si Tahar fasse cette surveillance, dites-le lui et annoncez lui le départ de Hamida pour l'Ouest.

C'est de cette façon qu'il agira constamment.

A part Hamida El Khanfoussi qui est libre de circuler, personne autre n'a ce droit.

Tenez-moi continuellement au courant des nouvelles de l'Ouest, ne le négligez pas.

LXXV

Lettre de M. le Commandant de Langle, Chef du Bureau Arabe de Laghouat, en date du 17 Décembre 1872, ainsi conçue :

A Addoun ben Ba Saïd.

Salutations !

J'ai reçu votre lettre et j'ai compris ce que vous m'avez dit concernant le chef du poste de Ouargla, au sujet de vos dattes et de vos palmiers.

Si j'avais appris quelque chose là-dessus, j'en aurais fait part aux autorités.

Aujourd'hui que vous m'avisez du fait, je vais en saisir les autorités.

Vous savez très bien que les biens appartenant aux gens qui se sont révoltés n'ont point été séquestrés et à plus forte raison ceux appartenant aux Mekhadmas.

Cette nouvelle n'est pas exacte.

J'ai écrit à ce sujet à M. le Général qui, de son côté, saisira du fait la Division de Constantine, et quand j'aurai reçu la réponse, je vous la communiquerai.

LXXVI

Lettre de M. le Commandant de Langles, Chef du Bureau Arabe de Laghouat, datée du ... Septembre 1873, ainsi conçue :

A Addoun ben Ba Saïd.

Salutations !

J'ai reçu votre lettre et j'en ai compris le contenu relativement aux caravanes d'El-Mouadhi, actuellement chez vous, et celles qui ont été suivies par les Châmbas de Metlili.

Je vous informe que les caravanes sont composées de sujets du Gouvernement; personne n'a donc le droit de les capturer ni de les surprendre.

Vous n'ignorez pas qu'elles circulent pour les besoins de leur commerce et qu'elles sont parties avant que les Châmbas n'aient été attaqués.

Ces caravanes ne sont donc pas responsables de ce fait.

Aussi, j'ai invité les trois caïds des Châmbas de Metlili et leur ai donné des ordres pour qu'ils laissent ces caravanes circuler librement, par ce qu'elles sont au service du Gouvernement Français.

Je leur ai fait connaître que je les rendais responsables de toutes les pertes que les caravanes pourraient essuyer au cas où elles se plaindraient à moi de ce chef.

LXXVII

Lettre de M. le Colonel Philibert, Commandant supérieur du cercle de Laghouat, datée du 16 Juin 1871, ainsi conçue :

A l'honorable Addoun Ben Ba Saïd.

Salutations !

Je vous informe qu'à peine arrivé à Laghouat, j'ai écrit à Si Zoubeïr ben Bou Baker et voici ce que je lui ai dit :

Dès mon arrivée à Laghouat j'y ai trouvé les lettres que vous avez adressées à M. le Commandant Cros, je les ai lues et j'en ai compris le contenu, j'ai compris de même votre désir.

S'il plait à Dieu, je serai moi, la clef de votre bonheur.

En servant bien la cause française et en montrant votre fidélité à la France, le Gouvernement vous fera restituer tous vos biens, c'est-à-dire vos immeubles situés à Ouargla et ailleurs, et vous accordera les plus grands honneurs.

Tâchez donc de capturer le révolté Bouchoucha qui a soulevé Ouargla et de me l'envoyer, ou de l'expulser de cette ville.

C'est de cette façon que vous démontrerez votre fidélité et votre dévouement au Gouvernement français, qui, s'il plait à Dieu, vous récompensera au-delà de vos prévisions.

C'est M. le Maréchal, chef du Gouvernement de l'Algérie, qui me charge de vous dire cela, et soyez certain qu'il m'approuvera dans tout ce que je ferai.

Quand vous aurez terminé toutes vos affaires, quand les Châmbas et les Mekadmas auront fait acte de soumission complète à la France, et quand la paix règnera de ce côté-là comme elle l'a été par le passé vous pourrez alors venir en personne me trouver, et tout ce que vous me demanderez, vous l'obtiendrez s'il plait à Dieu.

Telle est la lettre que je lui ai adressée, lisez-là et comprenez-en le contenu.

Envoyez-lui de suite la lettre que je lui adresse, et ne mettez pas de retard à me faire parvenir la réponse qu'il aura faite à ma lettre, de même que je vous prie de ne pas tarder vous-même à me répondre.

LXXVIII

Lettre de M. le Général de Laverdo, chef de la Division de Médéah, datée du 14 Novembre 1873, ainsi conçue :

A Addoun ben Ba Saïd.

Salutations !

J'ai reçu votre lettre et vous en remercie.

Les renseignements que vous m'avez donnés concernant les affaires politiques m'ont été précieux, et du moment qu'ils émanent de vous, je suis persuadé de leur exactitude.

J'ai écrit ces jours derniers à Sid Eddine ben Hamza pour lui donner connaissance des conditions qui lui ont été imposées à lui et à tous ses frères par M. le Gouverneur Général de l'Algérie. Elles sont meilleures que les précédentes.

En ce qui concerne Sid Eddine, qu'il se rende en toute confiance et qu'il fasse sa soumission s'il le juge utile.

Des instructions formelles ont été données dans ce sens à toutes les autorités françaises.

Si, pour faire sa soumission il désire se rendre dans l'un des trois départements algériens, qu'il le fasse ; il en a pleinement le choix. Mais je lui ai recommandé de prévenir, dans les voyages qu'il entreprendra, les autorités françaises qu'il rencontrera au cours de sa route.

Les conditions qui lui ont été imposées feront activer son arrivée. Elles sont, du reste, conformes aux indications que vous m'avez données dans votre lettre, mais, d'après mes prévisions, je crois que vous vous rencontrerez avec lui avant moi.

LXXIX

Lettre de M. le Commandant Gros, Chef du Bureau Arabe de Laghouat, datée du 11 Février 1871, ainsi conçue :

A Addoun ben Ba Saïd, chef de la Djemaâ des Beni Isguen.

Salutations !

Vous avez écrit précédemment à M. le Général Commandant la Division d'Alger et vous lui avez parlé de l'aman (pardon) à accorder à Si Zoubeïr ben Bou Baker.

Je vous informe que M. le Général Commandant en Chef des armées de terre et de mer ainsi que M. le Commissaire Gouverneur de l'Algérie ont bien voulu accorder l'aman complet à Si Zoubeïr ben Bou Baker, avec la faveur de se rendre à Laghouat en toute sécurité. De là, il ira voir les grands chefs qui auront pour lui les plus grands égards et qui le recevront bien.

Nous lui envoyons cette nouvelle par votre entremise et par vos soins. Il la recevra j'en suis certain.

Faites-moi connaître les intentions de Si Zoubeïr et dites-moi s'il a l'intention de se rendre ici ; dans ce cas vous lui remettrez mes lettres et tout sera dit, mais s'il n'a pas l'intention de venir rendez-moi mes lettres.

Je vous annonce aussi que je suis nouvellement chargé du commandement de Laghouat. Donnez bien le bonjour aux membres de la Djemaà des Beni Isguen, et s'ils ont besoin de quelque chose, prévenez-moi aussitôt, je vous contenterai s'il plaît à Dieu.

Je souhaite que les chances de réussite dans cette affaire vous reviennent à vous et que vous agirez comme vous l'avez fait selon vos habitudes avec mes prédécesseurs.

P. S. — Ci-jointe une lettre pour Si Zoubeïr ben Bou-Baker, lisez-là, comprenez-là et remettez-là au destinataire.

LXXX

Lettre du Père missionnaire Soleillet, datée du 3 Février 1874, ainsi conçue :

A notre cher ami Addoun ben Ba Saïd.

Salutations !

Je suis arrivé à Metlili, en parfaite santé, Dieu merci !

Les Caïds de Metlili ont eu de nombreux égards pour moi, m'ont fait manger de leur meilleure nourriture et m'ont reçu avec des marques de joie, au point que je n'ai manqué de rien comme vous me l'avez dit, que Dieu en soit loué !

Je vous remercie de tous vos bienfaits, j'ai trouvé en effet à Metlili tout ce dont vous m'avez parlé.

Merci pour m'avoir fait escorter par votre cousin Addoun ben Daoud et Bahmed ben Youssef.

Ceux-ci m'ont présenté à Ahmed ben Ahmed, qui m'a très bien reçu et m'a fait obtenir tout ce que je lui ai demandé.

Je termine en vous réitirant mes remerciements et en vous disant que je compte constamment sur Dieu et sur vous ; du reste je vous écrirai toujours.

LXXXI

Lettre de M. le Général de Division d'Alger, datée du 16 Juin 1871, ainsi conçue :

A notre fils Addoun ben Ba Saïd.

Salutations !

Je vous informe que je vous ai choisi et vous ai désigne pour une mission importante.

La voici :

Parmi les notables des Oulad Sidi Cheick qui se sont écartés de la voix droite et ont écouté les conseils des perturbateurs, il s'en trouve un qui est Si Zoubeïr ben Bou Baker qui, en vérité, a causé moins de désordres que les autres.

Vous n'ignorez pas, que malgré ce qu'il a fait, s'il consent à venir de son plein gré demander le pardon de ses actes et promettre de servir à l'avenir, la cause française avec fidélité, le Gouvernement, qui est généreux, oubliera le mal qu'il lui a fait et lui accordera le pardon.

Vous devez savoir qu'il y a peu de temps seulement, il m'avait fait savoir qu'il tuerait le marabout Bouchoucha, auteur et provocateur de tous les troubles qu'il y a eu dans la région, et qu'il combattrait les gens de sa suite et les réduirait à l'impuissance.

A ce moment-là j'ai cru devoir entrer en pourparlers avec lui et vous m'avez servi, vous d'intermédiaire dans cette affaire ; mais les pourparlers ont été rompus et n'ont pas abouti au moment où il a demandé à faire acte de soumission à la France, vous devez savoir pourquoi.

Les difficultés que vous avez rencontrées à un moment donné dans cette affaire se trouvent aujourd'hui complètement aplanies, par suite du changement des autorités de Laghouat.

Je désire actuellement vous aider à obtenir la soumission de Si Zoubeïr, sans l'intervention des autorités de Laghouat.

Je sais que Si Zoubeïr se repent d'avoir fait de l'obstruction au Gouvernement Français, et je connais trop sa dignité.

Quatre hommes sont nécessaires pour nous débarrasser du marabout Bouchoucha ce sont : vous, moi, l'agha Ali ben Ahmed ben Salem et Si Zoubeïr.

Je vous dirai aussi que je suis allé trouver M. le Gouverneur Général de l'Algérie, et lui ai exposé l'affaire de Si Zoubeïr. M. le Gouverneur a bien voulu accueillir toutes les demandes que je lui ai faites pour le compte de Si Zoubeïr, et si ce dernier consent à faire acte de soumission, et à cesser toute révolte, il obtiendra la réalisation de ces promesses qui, soyez-en certain dépasseront de beaucoup ses espérances.

En conséquence je vous autorise, tant au nom de M. le Gouverneur Général qu'au mien, à aviser Si Zoubeïr que tous les immeubles qu'il possédait à la Bérizina, ainsi que ceux situés à Metlili et à Ouargla et qui ont été frappés de séquestre, lui seront restitués et que le pardon le plus complet lui sera accordé.

En compensation de cela, il vous promettra formellement de servir fidèlement la cause Française avec zèle et dévouement, et il déploiera tous ses efforts avec la Djemaâ des Beni M'zab, pour s'opposer à tout ce que tentera de faire dans ce pays le sus-dit Bouchoucha, et il combattra Bouchoucha de toutes ses forces. Mais avant toutes choses et pour bien montrer sa fidélité et sa parfaite bonne foi qu'il se rende à Boghar. Je laisserai mes affaires, même les plus importantes pour me rencontrer avec lui dans cette ville, où je le recevrai en ami. Son arrivée à Boghar aura lieu à un jour qui sera fixé entre nous et son départ aura lieu aussi à une date déterminée.

Au cas où Si Zoubeïr sortira victorieux et aura le dessus sur Bouchoucha, je lui ferai obtenir beaucoup plus que ce que je lui ai promis dans ma présente lettre.

Je ne vous cache pas qu'il nous est possible à M. le Gouverneur Général et à moi, de mettre sous le commandement de Si Zoubeïr et sous son administration tout le territoire qu'il aura pris à Bouchoucha.

Je vous ai exposé dans cette lettre le but poursuivi par moi.

Lorsque vous aurez compris le contenu de ma lettre, communiquez-là à l'Agha Si Ali ben Ahmed ben Salem, car elle vous concerne particulièrement commé elle le concerne à lui, puis, envoyez-moi Si Zoubeïr et expliquez-lui le but que je me propose, but qui est franc et loyal.

Engagez Si Zoubeïr à venir à Boghar et montrez-lui cette lettre. Dites-lui bien que je suis Général Commandant la Division, et que je lui donne ma parole d'honneur, il n'aura aucune crainte en se rendant à Boghar, car, sa personne sera en sécurité et j'y veillerai comme sur celle d'un ami.

Je lui donnerai ma parole formelle que s'il accepte mes propositions, celles que je viens de vous indiquer ici, je mettrai immédiatement à exécution les promesses que je lui ai faite.

LXXXII

Lettre de M. le Commandant Edmond, Chef du Bureau Arabe de Laghouat, datée du 14 Décembre 1874, ainsi conçue :

A Addoun ben Ba Saïd.

Salutations !

J'ai reçu votre lettre relative à l'attaque survenue du côté de l'Ouest et de l'Est et vous en remercie.

Dès que vous aurez quelque chose de nouveau, n'oubliez pas de m'en faire part et de m'aviser de tout ce qui se passe à l'Oued M'zab.

Vous n'ignorez pas que nous nous sommes rencontrés autrefois à Laghouat ; si vous devez vous rendre auprès de moi, je serai très content de vous recevoir.

LXXXIII

Lettre de M. le Capitaine Le Roux, du Bureau Arabe de Laghouat, datée du 12 Octobre 1867, ainsi conçue :

A Addoun ben Ba Saïd.

Salutations !

J'ai reçu votre lettre dans laquelle vous me dites de rechercher Hamza ben Abd-Ed-Daïm et son compagnon Abdelkader ben Ghebara, qui tous deux ont volé une chamelle sous poil bai à Settafa, et l'ont vendue à des bergers d'El-Medabih.

Dès réception de votre lettre, j'ai fait rechercher ces individus et les ai interrogés sur tous les faits.

Ils ont reconnu tout, excepté le vol de cette chamelle, ils ont prétendu n'avoir aucune connaissance de ce vol et n'avoir pas vendu cette chamelle aux bergers d'El-Medabih.

Ils ont dit que c'était El Hadj Brahim ben Djeriba qui les a fait accuser de ce vol.

LXXXIV

*Lettre de M. le Général de Laverdo, Commandant la subdivision
de Médéah, datée du 14 Juin 1875, ainsi conçue :*

À Addoun ben Ba Saïd.

Salutations !

J'avais l'intention de vous écrire pour répondre à votre dernière, et pour vous
adresser mes plus vifs remerciements, mais depuis mon arrivée à Médéah, je
n'ai eu guère le temps.

De plus les nombreuses occupations que j'ai eues m'ont pris tout mon temps.

J'ai grandement le désir de correspondre avec vous, car, tous les renseignements que vous m'avez toujours donnés, m'ont été très utiles.

Aujourd'hui, je m'adresse à vous pour vous prier de me renseigner sur une
question importante.

Voici ce dont il s'agit :

Beaucoup de Mozabites qui habitent dans nos villes, notamment à Alger, ne
tiennent plus compte des instructions des agents de l'autorité.

Certaines Djemaâs du M'zab ne demandent plus l'application de la loi pénale.

D'autre part, on rapporte que certaines personnes par suite de leur situation de
fortune et de leur parenté, jouissent d'un régime de faveurs qui leur procure l'im-
punité.

En ce qui me concerne, rien ne m'oblige à prendre en considération les plaintes
qui m'ont été portées de ce chef, car je n'ai pas perdu de vue le pacte que M. le
Maréchal Randon, alors Gouverneur Général de l'Algérie, avait conclu avec la
confédération du M'zab.

Je sais pertinemment que toutes les conditions de ce pacte ont été strictement
et rigoureusement observées, et je ne prendrai de détermination ferme que lors-
qu'il sera clairement établi devant moi, que la majeure partie des Beni M'Zab refusent d'exécuter les conditions du dit pacte et veulent changer la ligne de conduite
qu'ils ont tenue jusqu'à ce jour.

Je vous prie instamment de vouloir bien me donner votre avis sur cette affaire ;
car j'attache une grande importance à vos renseignements, et dès que vous m'aurez renseigné, je verrai s'il y aura lieu de continuer à marcher comme par le passé,
ou de changer la ligne de conduite.

Je vous retourne les papiers que vous avez bien voulu m'adresser avec votre
lettre en date du 9 août 1874, et ce, conformément à votre demande, afin que vous
puissiez les avoir continuellement dans la main, car, ces papiers constatent que
vous n'avez cessé de servir les autorites Françaises avec le plus grand zèle et le
plus parfait dévouement.

Vous avez toujours fait preuve d'un esprit fin et pondéré dans toutes les affaires.

Vous trouverez ci-jointe la lettre que vous m'avez adressée avec votre missive
en date du 31 Janvier 1874, et qui vous a été adressée par M. Soleillet lors de son
arrivée à Metlili.

Toutes ces lettres qui sont entre nos mains, sont authentiques et
portent les signatures des Chefs des Bureaux Arabes et leurs cachets.
Elles ont été traduites en extrait, en 1883, par M. Henri Bourgeois,
alors interprète traducteur assermenté à Constantine.

Il est inutile de parler des difficultés et des peines nombreuses qu'a du se donner Addoun ben Ba Saïd pour faire parvenir aux intéressés, toutes les lettres visées dans cette correspondance, car, il ne faut se le dissimuler, à ce moment-là, les routes étaient peu sûres, et la sécurité n'était pas assurée comme elle l'est de nos jours.

Parfois même, pour les cas d'extrême urgence et de force majeure Addoun chargeait des hommes qu'il payait de ses propres deniers pour porter sa correspondance et celle dont il était chargé d'assurer l'exécution.

Il est bon d'ajouter que pendant le temps qu'il a été en correspondance avec les autorités françaises, Addoun a dépensé des sommes d'argent énormes.

Nous avons dit plus haut, que les mozabites avaient à leur actif, plusieurs actions d'éclat. Bornons-nous là à ne citer que quelques-uns seulement de ces faits :

En 1864, les Châmbas, pour se soustraire au paiement des impôts qu'ils devaient au Gouvernement (impôts afférents à neuf années d'exercice) quittèrent leur pays et s'en allèrent se fixer à Oued Teghir.

Avisé du fait, M. le Général Commandant la Subdivision de Médéah chargea Addoun ben Ba Saïd de cette affaire, avec mission de ramener les fuyards, le cas échéant. Celui-ci, aidé de quelques-uns de ses compatriotes, se dirigea du côté de l'Oued Teghir, et après forces exhortations, parvint à ramener les fuyards Châmbas ; puis, sur l'intervention d'Addoun et de ses compagnons, le Gouvernement fit remise gracieuse aux Châmbas des impôts qu'ils lui devaient. C'est grâce à l'intervention d'Addoun et de ses amis que cette affaire a été dénouée.

———

La même année en 1864, lors de la récolte de Ben Hamza, les commerçants mozabites étaient chargés de la défense et de la protection de certaines villes d'Algérie, telles que : Boghar, Djelfa, Laghouat, Boussaâda et les environs de Biskra. Ce sont eux aussi, qui ont fait mettre en fuite les rebelles qui avaient tenté de s'emparer de ces villes. C'est un fait constant, qui n'est dénié par personne.

———

Cette même année, toujours lors de l'émeute provoquée par le dit Ben Hamza, les troupes des rebelles avaient capturé deux hommes de la colonne Française ; ces deux hommes restèrent prisonniers des rebelles pendant un certain temps et personne ne put arriver à les délivrer, quand un mozabite, répondant au nom de Hadj Messaoud ben Mohammed, prit le parti de suivre les traces des troupes ennemies et arrivé près d'elles, il leur demanda et obtint la liberté de ces deux Européens, moyennant une forte somme d'argent qu'il leur paya à titre de rançon. Il ramena aussitôt les deux prisonniers avec lui et les fit mettre en liberté ensuite.

Sans ce mozabite, les deux Européens n'auraient jamais recouvré la liberté et auraient certainement péri.

En 1871, à la suite des désordres qui éclatèrent à Souk-Ahras, les commerçants mozabites de cette ville, étaient chargés de repousser l'attaque des insurgés qui se composaient des Hananchas, des spahis et autres.

Ils ont tenu tête aux rebelles qu'ils ont fait mettre en fuite, et ont fait preuve, en cette circonstance d'un dévouement qui a été très apprécié.

Du reste, aucun des habitants de Souk-Ahras n'a été ni touché ni blessé, et on estime à près de trois mille âmes le nombre des femmes et des enfants, tant européens qu'israélites qui s'étaient réfugiés dans les maisons mozabites par suite de la crainte qu'ils avaient eue.

C'est grâce à l'énergie et à la vigilance de nos coreligionnaires que ces 3.000 âmes eurent la vie sauve.

Ce fait est à la connaissance de M. de Gantès, qui était à cette époque sous-préfet de Bône et du Général de l'époque qui s'était rendu sur les lieux avec le sous-préfet, pour rétablir l'ordre,

A son retour du Sahara, M. le Général Lacroix, avisé du fait, se rendit immédiatement en personne à Souk-Ahras, et après avoir remercié chaleureusement les mozabites de l'énergie qu'ils avaient déployée à repousser l'attaque des insurgés, il leur demanda quelle récompense ils désiraient avoir en échange de la conduite qu'ils venaient de tenir. Les Mozabites lui répondirent qu'ils n'avaient fait que leur devoir en prêtant leur concours à la France, concours qu'ils ne lui ont du reste jamais marchandé.

———

En 1872, lors de la révolte de Ben Ghedahoum qui s'était soulevé contre le Bey de Tunis, on estime à soixante le nombre des Mozabites qui étaient chargés de veiller, nuit et jour, sur la personne du Consul de France, trente hommes montaient la garde le jour et trente autres la nuit, et cela a duré plus de deux mois.

Ce fait démontre clairement l'amour que les Mozabites portent à la France et à son Gouvernement.

———

En 1871, pendant que la France était occupée par la Guerre avec la Prusse, le fameux révolté Bouchoucha s'était rendu à Ouargla pour tenter de soulever les habitants de cette ville contre le Gouvernement Français, et avec l'aide de plusieurs arabes, il a pu pénétrer dans la ville et soulever la majeure partie des habitants. Une fois à Ouargla, il a donné l'ordre de faire arrêter aussitôt sept notables Mozabites de ceux qui habitaient cette ville, et après leur avoir fait payer à chacun une amende de 500 francs, il ordonna à ses hommes de les fusiller, ce qui a été fait.

Ces agissements leur ont été dictés par des arabes de Ouargla, ses coreligionnaires, qui lui ont fait connaître que les Mozabites servaient continuellement les intérêts de la France avec un dévouement sans égal.

En quittant Ouargla, Bouchoucha se dirigea sur Metlili où les Châmbas, par trahison, lui firent leur soumission. De là, escorté des Châmbas de Metlili et des habitants de Ouargla qu'il a pu rallier à sa cause, il prit la direction du M'zab, et, arrivé à Inomrate, c'est-à-dire à 28 kilomètres des villes du M'zab, il fit adresser une lettre aux habitants des confédérations du M'zab pour les inviter à lui faire leur soumission et à reconnaître son autorité.

Après la lecture de cette missive les Beni M'zab lui répondirent :

« Nous ne reconnaîtrons pas ton autorité et nous ne te ferons jamais notre soumission, si tu n'as pas suffisamment de munitions de guerre avec toi, nous sommes prêts à te fournir de la poudre et du plomb en quantité suffisante. »

Sur ces mots Bouchoucha rebroussa chemin, et pris de peur, se retira sans mot dire.

Tout le monde sait ce que Bouchoucha a fait du côté de Tuggurth, de l'Oued-Righ, dans les régions avoisinantes et le tort immense qu'il a causé à la France.

Ses exploits ne se comptent pas.

C'est grâce à Addoun ben Ba Saïd que le Gouvernement a pu le faire arrêter ainsi que ses compagnons. Le contenu des lettres qui précèdent le prouve suffisamment.

Pour répondre de ses méfaits et de ses crimes, Bouchoucha fut traduit en 1872, devant le Conseil de Guerre de Constantine.

Le jour de l'audience, on a vu défiler à la barre du Conseil de Guerre plusieurs témoins venant tous déposer contre Bouchoucha. Parmi ceux-ci on cite, Ali Bey, Lakhdar ben Mohamed, agha de Larbâ, Ben Lakhdar, caïd des Mekhadmas, Sliman ben Messaoud, caïd des Châmbas et un mozabite nommé Hamou Boudaâs.

Interpellé sur ce qu'il avait à dire sur les dépositions faites contre lui par les aghas, les caïds et les cheikhs, Bouchoucha les récusa toutes en ajoutant que ces témoins n'étaient pas fidèles à la France. Et arrivé au témoignage du mozabite Hamou Boudaâs, Bouchoucha invité à s'expliquer répondit en ces termes :

« Je n'ai rien à dire contre la déposition de cet homme, car lui et
« ses coreligionnaires sont les seuls qui servent fidèlement la cause
« française contrairement à ces cheikhs, caïds et aghas indigènes
« qui ont été récompensés par le Gouvernement de la France alors
« qu'ils n'ont jamais travaillé dans son intérêt. »

Tels sont les propos tenus par Bouchoucha en pleine séance du Conseil de Guerre et si l'on veut en vérifier l'authenticité on n'aura qu'à consulter les archives militaires déposées au Greffe du Conseil de Guerre de Constantine, et relatives au retentissant procès de Bouchoucha, qui s'est déroulé en 1872.

Au nombre des personnes arrêtées lors du soulèvement de Ouargla, se trouvaient deux européens, le capitaine Gouge et sa dame.

Après les avoir capturés, les arabes de Ouargla obligèrent le capitaine à se faire circoncire et d'embrasser la religion de l'Islam. Craignant pour sa vie, le capitaine exécuta en tous points les ordres qui lui furent donnés, mais sa femme refusa énergiquement de se convertir à l'Islamisme. Tous deux furent sur le point d'être massacrés, mais ils n'eurent la vie sauve que grâce à l'intervention de l'un des nôtres un nommé Mohamed ben Cheik. Ce mozabite atteint de cécité, fit cacher par ses hommes dans la cave de sa maison, le capitaine Gouge et sa femme qui demeurèrent ainsi chez lui, pendant un certain temps. Ils eurent nuit et jour le vivre et le couvert.

Pendant ce temps, les rebelles faisaient les recherches les plus actives pour découvrir leur retraite, mais n'y parvenant pas, ils durent y renoncer.

Lorsque tous les bruits cessèrent, le mozabite fit sortir de leur retraite, le Capitaine Gouge et sa dame et les fit escorter la nuit par ses hommes, jusqu'à Tuggurth. Là, il les fit mettre en liberté.

Ce fait, dont j'affirme l'authenticité et l'exactitude est à la connaissance de M. le Général Lacroix et du Commandant Marty.

Il est, du reste, établi par une déclaration du capitaine Gouge, déclaration qui est consignée sur un acte passé devant le cadi de la mahkama de Ouargla, le 12 Décembre 1871, et qui se trouve dans le dossier qui est entre nos mains.

En 1880, lors de la révolte de Bou Améma, les commerçants mozabites étaient chargés de monter la garde dans la ville de Sidi-Bel-Abbès. Ce fait est de notoriété publique.

En 1882, lorsque les troupes françaises pénétrèrent en Tunisie, la nouvelle parut dans les journaux de l'époque rapportant les propos prononcés, par le consul de France à Tunis qui envisageant la situation aurait dit : « J'ai avec moi à Tunis, 15.000 algériens environ, habitant « Tunis et sur ce nombre je n'ai confiance qu'aux Mozabites habitant « la Régence. »

En 1893, la colonne Française chargée d'effectuer le transport des vivres de Ghardaïa à Lahmar fut attaquée et poursuivie par les Touaregs. M. le Commandant du bureau arabe de Ghardaïa à cette époque fit appel au concours des habitants du M'Zab, qui, sans demander d'explications, lui prêtèrent 600 fusils avec lesquels ils purent repousser l'attaque de ces malfaiteurs.

En 1830, El Had Hamed Bey de la province de Constantine, ayant appris que les Beni M'zab prêtaient leur concours à la France, les fit expulser de Constantine, et ceux-ci durent se réfugier chez le marabout Sidi Belkacem Bouhadjar, où ils restèrent pendant deux ou trois mois.

Sur l'intervention du marabout Sidi Belkacem qui jouissait d'une certaine influence auprès du Bey, celui-ci accorda le pardon aux Beni M'Zab, qui durent rentrer à Constantine, après avoir payé au Bey, une forte somme d'argent, à titre d'indemnité.

Nous avons donné plus haut la biographie de Addoun ben ba Saïd et nous avons mentionné les services considérables qu'il a rendus à la cause Française.

Nous avons également parlé de la conduite correcte qu'il a toujours tenue avec les autorités et les représentants de la France.

Ce n'est point là, un fait unique. Nous comptons d'autres compatriotes qui se sont distingués par leur bravoure, leur fidélité et leur attachement à la France.

« Idder El Hadj Hamou ben Yahya » est de ce nombre. Cet homme a été au service de la France pendant plus de 55 ans. Il l'a toujours servie avec un dévouement très appréciable et un zèle digne d'éloges. Tous ceux qui l'ont connu et fréquenté, ont gardé de lui le meilleur souvenir et ne tarissent pas d'éloges sur son compte. Ecoutons plutôt ce que dit de lui le *Réveil de Mascara*, feuille quotidienne qui s'imprime dans cette ville :

IDER HADJ HAMOU BEN YAHIA

C'est une bien curieuse et bien intéressante figure que celle d'Hadj Hamou, ami sincère et dévoué de la France, qui vient de s'éteindre à Mascara, à la limite extrême de la vieillesse, entouré des siens, de l'estime et de la considération générale des européens et de ses coreligionnaires.

Hadj Hamou avait 97 ans. Il était né au M'Zab vers 1802, bien longtemps avant que nous ne songions à la conquête de l'Algérie.

De famille riche, de grande tente, Hadj Hamou eût de suite le goût des voyages, l'attrait de l'inconnu ; il quitta fort jeune la tente paternelle pour venir dans le Tell, s'instruire des coutumes du pays.

En 1830, il était à Alger, il eût bientôt l'intuition du rôle que nous devions jouer dans ce pays, il se retira au M'Zab, abandonnant la guerre et ses partisans. Mais le bruit de nos exploits guerriers parvenu jusqu'à lui, hantait sa tranquillité, il lui fallait voir et bientôt il quittait de nouveau son pays, revenait vers le Tell et se dirigeait vers Mostaganem.

Ceci se passait vers 1842.

Hadj Hamou observa la marche en avant de nos armées. De plus en plus convaincu de l'utilité qu'aurait pour l'indigène, l'influence française; il s'appliqua dès lors, à servir notre cause et devint bientôt l'ami de tous ceux qui l'approchèrent.

Sa droiture, sa probité et son intelligence le firent vite distinguer, sa fortune était un sûr garant de la sincérité de ses sentiments et il devint rapidement l'ami et le confident de nos officiers supérieurs.

C'est à cette époque qu'il connut le général Lamoricière. Le général vit de suite le parti qu'il pouvait tirer d'Hadj Hamou ; il l'attacha à sa personne et, en 1844, lors de l'expédition de Mascara, il l'emmena à sa suite.

Fidèle à ses amis, Hamou mit son temps, ses biens et son argent à la disposition du général.

Mascara abandonnée par Abdelkader, qui l'avait incendié avant de se retirer sur Cacherou, était presque déserté ; quelques juifs seuls en formaient la population, l'élément indigène ayant fui, ou s'étant allié aux troupes de l'Emir.

Hadj Hamou fut chargé de rallier les fuyards, de les ramener à Mascara et de leur faire comprendre le rôle pacifique et bienfaisant, que se proposaient de jouer les Français dans le pays.

Il s'acquitta de sa mission d'une façon remarquable, et bientôt la ville reprenait son animation et sa prospérité d'antan.

A Tiaret, le général Lamoricière confia à son ami les mêmes travaux qu'à Mascara. Il sut vite rallier les indigènes de la région, leur donner confiance et les rétablir dans la ville. Il en fut de même pour Géryville, où le commerce fut presque entièrement créé par les soins de Hadj Hamou, avec l'aide des M'Zabites de son pays.

En 1853, il vint se fixer définitivement à Tiaret, c'est alors que son rôle comme informateur fut le plus actif, grâce à son immense popularité dans le Sud, à ses nombreuses relations. Ne ménageant ni son temps, ni son argent, il fut un des plus précieux auxiliaires du général Pélissier, du colonel Niqueux et du capitaine Cerez, commandant alors la subdivision et le bureau arabe de Tiaret.

Il fut nommé en récompense Caïd de Tiaret.

Lors de la révolte de Si Sliman ben Hamza, la place étant sous le commandement du colonel de Beauprêtre, Hadj Hamou eut encore l'occasion de faire preuve de son dévouement à la France.

La caisse du bureau arabe était épuisée et il fallait à tous prix, être heure par heure au courant des mouvements des insurgés. Hadj Hamou organisa à ses frais un service de renseignements qui fut de la plus grande utilité à notre colonie.

Le M'Zab fut sillonné de ses émissaires. Il apprit par eux la manœuvre de Si Sliman, qui demandant à traiter de la paix pour attirer dans une ambuscade, la petite colonne de Beauprêtre.

Il en prévint le Colonel et le Capitaine Isnard qui, malheureusement ne tinrent pas compte de son avis et s'avancèrent à la rencontre de Si Sliman ben Hamza.

Hadj Hamou désespéré de la détermination du Colonel, et les renseignements nouveaux qu'il recevait lui démontrant plus que jamais, la trahison de Sliman, s'adressa à son ami Si Ahmed Ould Cadhi, bach-agha de Frendah, le priant d'aviser la colonne du complot tramé contre elle.

Celui-ci se rendit à Géryville, arriva dans la nuit avec le Commandant Burin au camp de Beauprêtre, parvint à le convaincre et la petite colonne eut le temps de se réfugier dans la place au moment où les contingents de Si Hamza commençaient l'attaque, aidé des Ould Ghareb Hamian, campés déjà auprès de nos troupes.

Géryville resta bloquée jusqu'à l'arrivée des troupes du Dahra.

Pendant ce temps, Hadj Hamou, enfermé dans Tiaret avec 25 soldats et 50 M'zabites, organisait la défense et veillait jour et nuit jusqu'à l'arrivée du Général Lapasset et des troupes de Mostaganem. Malgré les offres du Général, il ne voulut point affaiblir la colonne et refusa tout renfort. Bien lui en prit car les troupes françaises furent attaquées à leur retour, par les Flittas et harcelées jusqu'à Relizane.

Les choses demeurèrent en cet état jusqu'à l'arrivée du Général Martineau, qui installa dans la ville une solide garnison jusqu'à la fin de l'insurrection.

Depuis 1853, Hadj Hamou n'a cessé d'habiter Tiaret et Mascara. Il a continué ses relations avec nos officiers supérieurs qui l'eurent tous en grande estime. Les généraux Cerez, Lamoricière, Thomassin et plusieurs autres l'honorèrent de leur amitié. Hadj Hamou fit même un voyage à Paris pour aller y voir le Général Cerez.

Il n'a cessé d'être un partisan dévoué de la cause française et sa fortune ainsi que ses relations dans le Sud où il était vénéré à cause de ses bons conseils, nous ont beaucoup servi à obtenir la pacification des tribus du M'Zab et du Sud Oranais.

En 1869, son caïdat lui fut confirmé et au lendemain de nos revers de 1871, Hadj Hamou donnait une nouvelle preuve de son amour pour notre pays en versant 500 fr. à la souscription nationale pour la libération du territoire entre les mains du juge de paix de Tiaret, M. Riouland, aujourd'hui Conseiller à la Cour de Paris.

Beaucoup d'autres de nos compatriotes ont servi avec confiance les intérêts de la France, mais pour ne pas allonger le cadre de notre brochure nous ne les nommerons pas ici.

Personne n'ignore que lorsque les mozabites ont fait leur soumission à la France, ils ont conclu avec elle un pacte, à la date du 22 avril 1853, pacte qui est encore exécutoire dans toutes ses dispositions, puisque jusqu'à ce jour aucun mozabite ne s'en est écarté.

Aux termes de ce pacte, le Gouvernement glorieux de la France nous donna l'assurance de respecter nos coutumes et nos usages et prit l'engagement envers nous de ne laisser les autorités gouvernementales s'ingérer dans le règlement d'aucune de nos affaires.

Ce pacte nous fut renouvelé en 1882, ainsi que le constate la lettre ci-jointe émanant de M. le Gouverneur Général de l'Algérie, ainsi conçue :

Réponse de M. le Gouverneur Général de l'Algérie aux représentants de la Djemaâ des Beni-M'zab, domiciliés à Alger, rue de l'Etat-Major, 2.

Après les saluts d'usage ;

Nous avons reçu votre plainte datée du 28 janvier 1884, portant que le cadi maleki de Sidi-bel-Abbès s'était ingéré dans le règlement de la succession de feu Ismaël ben El Hadj ben Daoud, originaire des Beni-Isguen, décédé dans la dite ville, le 23 décembre 1883.

Dans votre lettre vous vous appuyez sur la promesse que nous vous avons faite le 22 décembre 1853, et que nous vous avons renouvelée en 1882 lors de l'occupation du M'zab.

L'espérance que vous avez placée dans le Gouvernement de la France ne sera pas déçue, car la France se rappelle toujours le traité qu'elle a conclu avec vous.

Vous méritez les plus grands éloges pour vous être conformés à la décision de la mahakma de Sidi-bel-Abbès, avec cette pensée que nous reviendrions sur une erreur commise dans un moment de hâte.

J'ai écrit au Chef de la Justice, à Alger, pour vous laisser comme par le passé, la liberté d'appliquer dans les questions de succession la loi ibadite chaque fois qu'il s'agira de Mozabites entre eux, habitant leurs villes ou ailleurs, sans qu'aucun cadi maleki ou hanefi puisse intervenir.

Dans tous les cas, vous n'ignorez pas qu'en 1882, il a été convenu que toute contestation survenant entre Mozabites et Arabes sur le territoire du M'Zab, ne sera tranchée que conformément aux lois ibadites et que les jugements rendus par les autorités judiciaires ibadites ne pourront être révisés que par les tribunaux français.

Je dois terminer en vous disant que chaque fois que dans le Tell une affaire ayant trait aux successions donnera lieu à un procès entre Mozabites et français ou musulman maleki ou hanefi, les tribunaux français seuls pourront en connaître à l'exclusion des cadis maleki et hanefi.

Fait à Alger, le 7 février 1884.

Signé : TIRMAN.

Cette lettre démontre clairement que le pacte que nous avons conclu avec le Gouvernement Français subsiste dans toutes ses dispositions, du reste pour s'en convaincre on n'aura qu'à lire la circulaire que M. le Gouverneur Général de l'Algérie a adressée aux habitants du M'zab, circulaire qui a paru dans le journal *Le Mobacher* le 1er Novembre 1882 et dont nous donnons ci-après quelques passages :

Le Gouverneur Général de l'Algérie à tous les habitants de l'Oued-M'zab

Salutations complètes !

. . . .

. . . .

Vous saurez que notre but est de sauvegarder vos usages et de maintenir vos coutumes.

A l'avenir, je ne nommerai plus pour vous commander, ni agha, ni caïd, ni cadi, d'origine arabe.

Vous serez administrés par des gens de votre propre origine.

Vos affaires seront réglées par vos propres cheikhs ibadites, et ceux-ci, tant qu'ils jugeront avec équité et justice, trouveront en moi, un protecteur et un défenseur prêt à appuyer leurs décisions et à les rendre exécutoires.

. . . .

Signé : TIRMAN.

Pour mémoire seulement, nous donnerons ci-après quelques fragments du pacte que nous avons conclu avec la France le 22 avril 1853 :

A tous les habitants du M'zab.

. . . .

Nous vous informons, que nous ne nous immiscerons pas dans vos affaires intérieures ; vous continuerez à les régler vous-mêmes comme par le passé, par les moyens que vous jugerez utiles.

Vous réunirez vous-mêmes le montant des sommes que vous êtes assujettis à payer, chaque année, à l'Etat, et vous en ferez la répartition comme vous l'entendrez, de cette façon, aucun agent de l'autorité ne se rendra chez vous. Néanmoins vous verserez, tous les ans, à Laghouat, à une date qui vous sera fixée le montant des sommes en question.

. . . .

. . . .

Personne n'ignore que les Beni M'zab tiennent en Algérie la clef du commerce dont ils sont la base et l'élément essentiel.

Comme on le voit par le long exposé qui précède, nous avons, de tout temps, et à maintes reprises, servi les intérêts de la France, pour laquelle nous n'avons ménagé ni nos biens, ni notre sang, ni notre argent et jamais nous n'avons exigé d'elle ni faveurs ni récompenses, ni emploi dans l'administration, ni distinctions honorifiques.

Nous l'avons fait par devoir d'abord et par amour pour la France ensuite, car nous nous considérons comme ses enfants

Il est à noter que nous n'avons ni défenseurs ni représentants au sein des assemblées délibératives.

Aucun de nous ne siège dans les Conseils municipaux, ni dans les Conseils Généraux, ni au Conseil supérieur, ni aux Délégations Financières.

Nous sommes constamment absorbés par notre commerce et par nos affaires et nous ne nous sommes jamais occupés des affaires des autres.

Le Gouvernement n'a pas, que nous sachions, fait quelque chose pour nous.

Nous n'avons pas d'hôpital spécial pour recevoir nos malades ni un autre établissement quelconque.

Nous désirons que le Gouvernement, qui a toujours été bon et généreux nous accorde aujourd'hui la faveur que nous sollicitons de lui. Cette faveur consistera à nous mettre hors de la loi de l'Indigénat applicable aux indigènes arabes.

Toutefois, si quelqu'un de nos coreligionnaires commettait un délit quelconque, susceptible de répression nous ne voyons pas d'inconvénient à ce qu'il soit immédiatement déféré aux tribunaux correctionnels siégeant au chef-lieu de chaque arrondissement.

Telle est notre demande, elle émane d'un indigène qui a exprimé librement sa pensée et qui représente un groupe de ses coreligionnaires Mozabites.

Nous terminons, en priant MM. les Chefs autorisés du Gouvernement, ainsi que les Représentants des deux Chambres du Parlement et du Sénat, et les Pouvoirs publics, de vouloir bien écouter nos doléances, et examiner attentivement nos revendications et nous aider à obtenir l'objet de notre demande.

Nous les prions, en outre, de vouloir bien nous excuser pour les longues explications que nous venons de leur fournir et de décider que la loi sur l'Indigénat, qui régit les indigènes arabes, ne sera plus applicable à nous mozabites.

En nous accordant cette faveur vous aurez bien mérité de la France, et nous vous en serons à jamais reconnaissant.

En attendant, nous les prions d'agréer nos hommages respectueux et dévoués.

« BLIDI » BRAHIM BEN YOUB

Représentant la Djemaâ Mozabite de Constantine et des environs.
Négociant à Constantine.

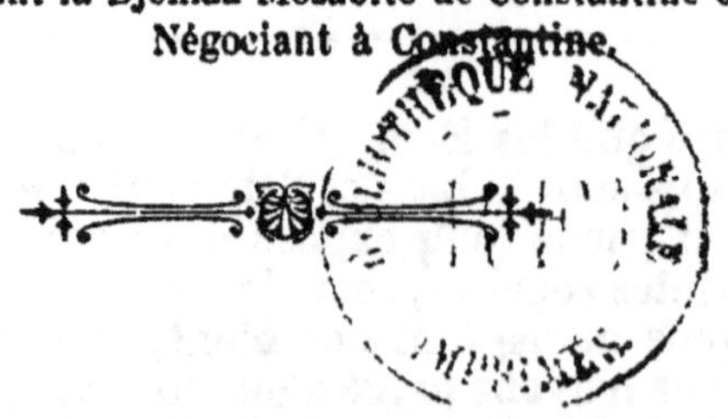

Philippeville. — Imprimerie Administrative et Commerciale Moderne, 18, rue Th. Réguis.